# CRÍTICAS AO PROCESSO PENAL

SÉRIE ESTUDOS JURÍDICOS: DIREITO CRIMINAL

*Carla Juliana Tortato*

Rua Clara Vendramin, 58 . Mossunguê . Cep 81200-170 . Curitiba . PR . Brasil
Fone: (41) 2106-4170 . www.intersaberes.com . editora@intersaberes.com

**Conselho editorial** Dr. Ivo José Both (presidente), Dr. Alexandre Coutinho Pagliarini, Drª Elena Godoy, Dr. Neri dos Santos, Dr. Ulf Gregor Baranow ▪ **Editora-chefe** Lindsay Azambuja ▪ **Gerente editorial** Ariadne Nunes Wenger ▪ **Assistente editorial** Daniela Viroli Pereira Pinto ▪ **Preparação de originais** Palavra Arteira Edição e Revisão de Textos ▪ **Edição de texto** Letra & Língua Ltda. – ME, Monique Francis Fagundes Gonçalves ▪ **Capa** Luana Machado Amaro ▪ **Projeto gráfico** Mayra Yoshizawa ▪ **Diagramação** Iná Trigo ▪ **Designer responsável** Iná Trigo ▪ **Iconografia** Regina Claudia Cruz Prestes

1ª edição, 2021.

Foi feito o depósito legal.

Informamos que é de inteira responsabilidade da autora a emissão de conceitos.

Nenhuma parte desta publicação poderá ser reproduzida por qualquer meio ou forma sem a prévia autorização da Editora InterSaberes.

A violação dos direitos autorais é crime estabelecido na Lei n. 9.610/1998 e punido pelo art. 184 do Código Penal.

Dados Internacionais de Catalogação na Publicação (CIP)
(Câmara Brasileira do Livro, SP, Brasil)

---

Tortato, Carla Juliana
  Críticas ao processo penal/Carla Juliana Tortato. Curitiba: InterSaberes, 2021. (Série Estudos Jurídicos: Direito Criminal)

  Bibliografia.
  ISBN 978-65-89818-94-6

  1. Processo penal 2. Processo penal – Brasil I. Título. II. Série.

21-68627                                CDU-343.1

---

Índices para catálogo sistemático:
1. Processo penal: Direito penal   343.1
Cibele Maria Dias – Bibliotecária – CRB-8/9427

# Sumário

9 ▪ *Apresentação*

**Capítulo 1**
19 ▪ **Reincidência**
20 | Conceito
21 | Natureza jurídica
23 | Dosimetria da pena conforme o Código Penal
24 | Crítica à orientação jurisprudencial da Súmula n. 231 do Superior Tribunal de Justiça
29 | Período de prova
32 | Tipos de reincidência
34 | Efeitos da reincidência
41 | Reincidência e a violação do princípio *non bis in idem*

**Capítulo 2**
53 ▪ **Reconhecimento de pessoas**
55 | Conceito e fundamento jurídico
58 | Reconhecimento de pessoas na prática forense
77 | Prova penal e as falsas memórias
90 | Teorias explicativas das falsas memórias
108 | Reconhecimento de pessoas com base no Código de Processo Penal do Uruguai

**Capítulo 3**
**125 ▪ Possibilidade do uso – indiscriminado – do inquérito policial durante a sessão plenária do tribunal do júri**
126 | Inquérito policial
133 | Valor probante relativo em plenário do júri
138 | Algumas diferenças entre a ação penal e o inquérito policial
139 | Cognição do jurado em plenário
156 | A urgente motivação dos jurados do tribunal do júri como meio de controle jurisdicional
162 | Cognição do jurado e o tempo
172 | Direitos humanos como guia no processo penal: uma necessidade de fundamentação das decisões do conselho de sentença
175 | Juiz de garantias e o tribunal do júri: uma luz no fim do túnel?
184 | Art. 380 do Projeto de Lei do Senado n. 156/2009

187 ▪ *Considerações finais*
195 ▪ *Referências*
211 ▪ *Sobre a autora*

*À minha família, todo meu amor.*

# Apresentação

Este livro é destinado a leitores e pesquisadores interessados na abordagem crítica aos sistemas processuais penais. O título desta obra, *Críticas ao processo penal*, foi escolhido com um intuito: provocar inquietações, diálogos e reflexões sobre alguns institutos dos sistemas processuais penais atuais. Afinal de contas, conter o arbítrio do processo penal é sempre necessário.

Quando se trata de crítica, é salutar que ela provoque uma leitura indigesta ou talvez amarga. Talvez essa seja também a intenção, pois, ao causar essa sensação no leitor, possivelmente atingimos o objetivo de motivar novos estudos e novas pesquisas, viabilizando reformas legislativas e culturais. Dessa forma, chegamos cada vez mais perto do modelo ideal de processo penal, essencialmente acusatório, a fim eliminar essa falácia que muito há por aí.

No entanto, como tudo na vida, há o lado positivo e o negativo, e é claro que existem aspectos positivos em nosso sistema jurídico, os quais não são abrangidos pela "falácia" retromencionada no parágrafo anterior. Esta abarca, sim, os pontos críticos investigados nesta obra: a reincidência no Brasil e seus efeitos, o modo de reconhecimento de pessoas adotado pelo Brasil e a possibilidade ilimitada do uso do inquérito penal em sessões plenárias do júri.

Observamos, a partir da análise crítica, que esses três institutos jurídicos acabam por ofender o sistema acusatório de processo penal, bem como alimentam cotidianamente o direito penal do autor em nosso ordenamento jurídico.

Dessa forma, no que se refere aos institutos ora abordados na obra, questionamos: Basta mudar a lei? A resposta é negativa. O que é preciso é a alteração da mentalidade inquisitória existente em nossa sociedade[1] fundada no instituto do direito

---

1  O modelo tecnológico de sociedade atual, principalmente, por meio das relações virtuais, ou seja, das redes sociais, permite que todos sejam julgadores e detentores da "verdade". Os algoritmos influenciam as relações, direcionando sutilmente que aquele que pensa igual ao usuário se torne, aparentemente, mais próximo, corroborando a verdade deste último: "os homens certos e bons". Já aquele que pensa o contrário, leia-se "o homem errado, ou o homem mau", deve ser banido, ou melhor, "desligado" por aqueles supostos "homens certos". Nesse sentido, e entre tantos outros problemas atuais da sociedade, cada vez mais as pessoas têm dificuldade em lidar com o diferente, em dialogar com aquele que pensa de outra forma, pois esquecem que a construção só se efetiva com a dialética – conversar, criticar e ser criticado, respeitosamente, com o diferente. E tudo estará bem se as ideias, mesmo após o diálogo, continuarem discrepantes, afinal de contas, somos singularidades neste vasto e infindável campo do conhecimento.

penal do autor. Todavia, é cogente a transformação da mentalidade inquisitorial na sociedade jurídica, uma vez que o processo é o principal instrumento da justiça normativa.

As críticas aqui feitas, por mais que pareçam ácidas, enquadram-se no viés construtivo de sistema penal e processual penal acusatório. Por esse motivo, neste breve estudo, queremos, antes de tudo, fazer ver que não podemos nos acostumar com os problemas da nossa legislação, tampouco tratar deles somente quando atingem nossos interesses e ignorar quando eles atingem a parte adversa. Buscamos, portanto, um novo horizonte. Nesse sentido, convidamos a todos para, sem medo, trilharmos juntos esse caminho.

Para possibilitar o alcance de tais objetivos, estruturamos esta leitura em três capítulos.

No Capítulo 1, analisamos o instituto da reincidência, considerando, para a escolha da crítica, o grave impacto negativo ao condenado. É por meio da reincidência que se permite que o sujeito sofra punições pelo mesmo crime, por diversas vezes, mesmo que já tenha cumprido a pena integralmente.

Embora a reincidência seja um instituto contido no âmbito do direito penal, ela gera efeitos ao condenado também no âmbito do processo penal e da execução da pena.

Pois bem. A reincidência é a perpetuidade da pena permitida pelo instituto da reincidência em nosso ordenamento jurídico por meio da tão mencionada *presunção de periculosidade* – como se o direito fosse capaz de tais presunções humanas.

Nesse capítulo, apresentamos o conceito, a natureza jurídica, os tipos de reincidência, a questão do período de prova, e como ela pode impactar negativamente vários momentos da dosimetria da pena do acusado, o que é algo a salutar em nosso ordenamento e sistema prisional, além de demonstrar a ineficácia da função da aplicação da pena pelo Estado.

Tratamos, ainda, da questão da violação ao princípio do *ne bis in idem*, em razão do instituto da reincidência, uma vez que foram demonstrados efeitos da reincidência para o acusado.

O princípio do *ne bis in idem*, chamado de *vedação da dupla punição pelo mesmo fato*, foi inserido no ordenamento jurídico pátrio à luz da Constituição da República (Brasil, 1988) e das normas de direitos humanos. Embora não seja previsto explicitamente na Constituição Federal, está assegurado no Pacto de São José da Costa Rica, Decreto n. 678, de 6 de novembro de 1992 (Brasil, 1992), do qual o Brasil é signatário.

Por isso, defendemos que perpetuar o instituto da reincidência, ou utilizá-lo de forma discricionária pelo Estado para punir "mais e mais" o agente que voltou a delinquir, é o mesmo que afirmar que o método de punição adotado pelo Estado mostra-se inefetivo e falido.

Agravar as normas penais para, então, cada vez mais aplicar uma sanção mais grave ao indivíduo é uma ilusão do direito para dar maior sensação de segurança social, o que revela uma ideia utilitarista da norma e dos preceitos penais e processuais penais.

Essa esperança e a procura incessante da sociedade por "dias melhores" no direito penal (*ultima ratio*), como se o endurecimento das leis, com penalidades mais severas, fosse a garantia de diminuição de ocorrências de crimes na sociedade – sentimento social de pseudossegurança jurídica –, é estar na contramão do efetivo cumprimento do texto constitucional de 1988.

O que deveria ser aprimorado é o método (situação atual do cárcere brasileiro) utilizado pelo Estado de cumprimento da pena, assim se atingiria diretamente o "coração"[2] do problema, não a consequência para dissimular o problema.

Por meio da exposição, parece que é como se o direito, da forma como disciplina a reincidência, mascarasse o **direito penal do autor** em **direito penal do fato**, pois, toda vez que se utiliza a reincidência para agravar a pena do agente, na verdade, exercita-se o **direito penal do autor**, uma vez que esse autor continua a ser punido por algo que já foi objeto de processo e cumprimento de pena.

No Capítulo 2, objetivamos examinar como ocorre o reconhecimento de pessoas no Brasil, considerando, principalmente, a grande incidência de falsos reconhecimentos, que, consequentemente, acabam em condenações de inocentes.

Tratamos do conceito e do fundamento jurídico desse meio de produção de "prova", como acontece na prática forense esse procedimento, além da análise sobre as falsas memórias em relação à prova no processo penal.

---

2  Sem mencionar a questão do *deficit* educacional em nosso país, que problematiza todo o resto.

As falsas memórias existem e são características de uma memória saudável. É salutar que os profissionais do direito conheçam esse tema, uma vez que, cotidianamente, são construídas narrativas penais para buscar a verdade processual, mas não a verdade real. Falar em verdade real é uma cilada jurídica que precisa ser "estancada" do dia a dia forense.

É no processo penal que existe a dialeticidade das partes para que, então, seja construída a narrativa processual dos fatos – versão dos fatos defendidas pelas partes – que mais se adeque ao acervo probatório, que será, ao final, analisado, permitindo a decisão fundamentada pelo julgador. Por isso a escolha do tema: o instituto de reconhecimento de pessoas que influencia sobremaneira a construção das narrativas processuais pelas partes.

Nem sempre as garantias fundamentais acerca desse instituto são respeitadas em sua integralidade e, assim, se o reconhecimento de pessoas não seguir o procedimento legal, estaremos diante de uma prova ilegal que contaminará todo o processo e a originalidade cognitiva das testemunhas, das vítimas (se existirem) e do julgador.

Apesar da recente jurisprudência do Superior Tribunal de Justiça (Brasil, 2020d), a qual afirma que decisão sobre reconhecimento de pessoas por foto não é o suficiente para ensejar uma condenação, mas esse entendimento ainda não é majoritário.

O objetivo da referida decisão é sinalizar que o disposto no art. 226 do Código de Processo Penal não é mera recomendação (que é o que aduz a jurisprudência majoritária) do legislador, mas sim uma obrigatoriedade. Também no segundo capítulo apresentamos as teorias explicativas das falsas memórias e algumas referências jurisprudenciais e doutrinárias acerca do tema.

Após, para fins de reflexão em como podemos mudar por aqui, a partir da nossa realidade como sociedade, tratamos do modelo adotado no Uruguai – Código de Processo Penal do Uruguai, Ley n. 19.293, de 19 de diciembre de 2014 (Uruguay, 2014), referente à forma como ocorre o reconhecimento de pessoas no Código de Processo Penal, o qual está em total convergência com o sistema acusatório de processo.

No Capítulo 3, dedicamo-nos ao estudo da possibilidade indiscriminada do uso do inquérito policial perante os jurados na sessão plenária, ou seja, nos júris populares, as partes se utilizam do inquérito penal livremente para convencer os jurados de suas narrativas processuais. Contudo, o inquérito policial é um procedimento investigativo pré-processual, que não pode servir para fins de cognição do jurado, o juiz por excelência.

Assim, o inquérito policial tem sua importância e razão de existir tão somente para motivar a denúncia ao Ministério Público, que pode ter como finalidade principal o recebimento da ação penal pelo magistrado. A partir daí, inicia-se a ação penal, momento em que as provas serão repetidas, salvo as hipóteses do art. 155 do Código de Processo Penal.

A abordagem crítica realizada sobre a forma como ocorre a cognição dos jurados em plenário do júri demandou também a abordagem crítica da decisão dos jurados, a qual não é fundamentada, ou seja, trata-se de algo que destoa de todo o ordenamento jurídico brasileiro.

O rito do júri é um "ponto fora da curva"; há muitos dogmas jurídicos que, embora necessários para um ordenamento jurídico, tornam-se corrosivos (patológicos) ao sistema acusatório por excelência.

Para chegar à crítica já exposta, foi necessário trilhar um breve caminho de conhecimento dos autos de investigação.

Portanto, iniciamos a análise do inquérito policial, de suas características, de seus valores probante e relativo em plenário do júri, bem como de algumas diferenças entre a ação penal e o inquérito policial.

Em seguida, abordamos as crítica da forma como ocorre a cognição do jurado em plenário, a ausência de motivação racional dos jurados como urgência no rito do tribunal do júri na condição de meio de controle jurisdicional, a cognição do jurado e o tempo ofertado a ele na sessão plenária – um estudo reflexivo do tempo médio destinado às sessões plenárias.

Ainda no terceiro capítulo, evidenciamos as diretrizes dos direitos humanos, sobretudo no que tange à obrigação das decisões judiciais, e o instituto do juiz de garantias, o qual se encontra com sua eficácia suspensa liminarmente pelo Supremo Tribunal Federal – e que aguardamos, com esperança, que, no julgamento do mérito, seja cassada essa liminar para fins de estabelecer a plena eficácia desses dispositivos legais.

Por fim, apreciamos a questão do art. 380 do Projeto de Lei do Senado n. 156, de 2009 (Brasil, 2009) – projeto de reforma do Código de Processo Penal).

De tal modo, buscamos, com esta obra, demonstrar que um sistema inquisitório que **marcha disfarçado de acusatório** é pulsante em nosso ordenamento, uma vez que o direito penal do fato e o devido processo legal são muitas vezes violados nos institutos ora abordados.

As referidas abordagens técnicas basearam-se em pesquisa bibliográficas, em artigos científicos e na jurisprudência dos tribunais superiores.

Não podemos nos acomodar com o que assim está, pois, além de alterações das leis, é necessária a alteração das mentalidades culturais, políticas, sociais e, principalmente, jurídicas, com fins de viabilizar cada vez mais um (real) Estado democrático de direito.

Nossa expectativa é de que você, leitor, seja seduzido pelos temas, aproximando, dessa forma, a prática forense (advocacia) e a teoria (academia de direito), pois uma não sobrevive sem a outra.

Bons estudos!

# Capítulo 1

*Reincidência*

A reincidência apresenta a característica de perpetuidade no modelo de repressão penal, desencadeando diversos efeitos jurídicos que, em sua totalidade, são negativos ao acusado. Abordamos, neste capítulo, o tema *reincidência* a fim de compreender esse instituto dentro do sistema criminal de justiça, investigando conceitos e efeitos no direito e no processo penal.

A análise dessa grave causa de aumento de pena tem o intuito de despertar no leitor um posicionamento crítico sobre a representação da reincidência no atual sistema jurídico.

— 1.1 —
## Conceito

O instituto da reincidência caracteriza-se quando o agente comete um novo crime depois de transitar em julgado a sentença que, no país ou no estrangeiro, o tenha condenado culpado – art. 63 do Código Penal – Decreto-Lei n. 2.848, de 7 de dezembro de 1940 (Brasil, 1940).

Santos (2014, p. 539) expõe que a reincidência significa a prática de novo crime depois do trânsito em julgado de sentença criminal condenatória anterior.

## — 1.2 —
## Natureza jurídica

A reincidência é uma circunstância agravante da pena, por isso tem natureza jurídica de agravante genérica da pena, a qual é analisada pelo magistrado ao realizar a dosimetria da pena do acusado.

Vale mencionar que as agravantes e as atenuantes definidas no texto legal não fixam a quantidade exata de aumento ou de diminuição da pena, assim, deixam ao "**prudente arbítrio**" (Bitencourt, 2014, p. 781, grifo do original) do julgador tal definição, no entanto, no limite da fração disposta na lei ordinária.

Destacamos o fundamento do instituto da reincidência em nosso ordenamento jurídico no art. 63 do Código Penal: "Art. 63. Verifica-se a reincidência quando o agente comete novo crime, depois de transitar em julgado a sentença que, no País ou no estrangeiro, o tenha condenado por crime anterior" (Brasil, 1940).

Vejamos, a seguir, as circunstâncias agravantes dispostas no art. 61 e as circunstâncias atenuantes dispostas no art. 65, ambos do Código Penal – Decreto-Lei n. 2.848/1940.

**Quadro 1.1** – Circunstâncias agravantes e atenuantes

| Circunstâncias agravantes – arts. 61 e 62 do Decreto-Lei n. 2.848/1940 | Circunstâncias atenuantes – art. 65 do Decreto-Lei n. 2.848/1940 |
|---|---|
| "reincidência" | "ser o agente menor de 21 (vinte e um), na data do fato, ou maior de 70 (setenta) anos, na data da sentença" |
| "motivo fútil ou torpe" | "o desconhecimento da lei" |
| "para facilitar ou assegurar a execução, a ocultação, a impunidade ou vantagem de outro crime" | ter o agente "cometido o crime por motivo de relevante valor social ou moral" |
| "a traição, de emboscada, ou mediante dissimulação, ou outro recurso que dificultou ou tornou impossível a defesa do ofendido" | ter o agente "procurado, por sua espontânea vontade e com eficiência, logo após o crime, evitar-lhe ou minorar-lhe as consequências, ou ter, antes do julgamento, reparado o dano" |
| "com emprego de veneno, fogo, explosivo, tortura ou outro meio insidioso ou cruel, ou de que podia resultar perigo comum" | ter o agente "cometido o crime sob coação a que podia resistir, ou em cumprimento de ordem de autoridade superior, ou sob a influência de violenta emoção, provocada por ato injusto da vítima" |
| "contra ascendente, descendente, irmão ou cônjuge" | ter o agente "confessado espontaneamente, perante a autoridade, a autoria do crime" |
| "com abuso de autoridade ou prevalecendo-se de relações domésticas, de coabitação ou de hospitalidade, ou com violência contra a mulher na forma da lei específica" | ter o agente "cometido o crime sob a influência de multidão em tumulto, se não o provocou" |

(continua)

(Quadro 1.1 – conclusão)

| Circunstâncias agravantes – arts. 61 e 62 do Decreto-Lei n. 2.848/1940 | Circunstâncias atenuantes – art. 65 do Decreto-Lei n. 2.848/1940 |
|---|---|
| "com abuso de poder ou violação de dever inerente a cargo, ofício, ministério ou profissão" | × |
| "contra criança, maior de 60 (sessenta) anos, enfermo ou mulher grávida" | × |
| "quando o ofendido estava sob a imediata proteção da autoridade" | × |
| "em ocasião de incêndio, naufrágio, inundação ou qualquer calamidade pública, ou de desgraça particular do ofendido" | × |
| "em estado de embriaguez preordenada" | × |
| Ter o agente praticado o delito "no caso de concurso de pessoas" | × |

Fonte: Elaborado com base em Brasil, 1940.

— 1.3 —

# Dosimetria da pena conforme o Código Penal

O Código de Penal adota o sistema trifásico para a realização da dosimetria da pena pelo magistrado, como podemos observar na figura a seguir.

**Figura 1.1** – Fases da dosimetria da pena

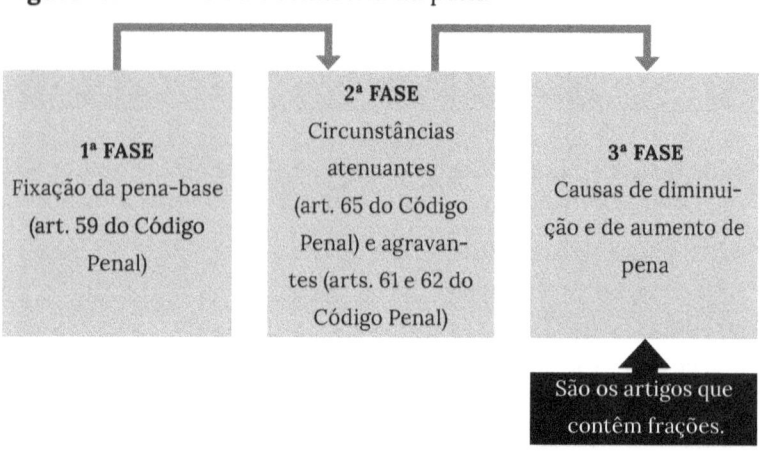

Após a definição do *quantum* de pena cominada ao acusado, o magistrado verificará, nesta ordem:

**Figura 1.2** – Continuação da dosimetria da pena pelo magistrado

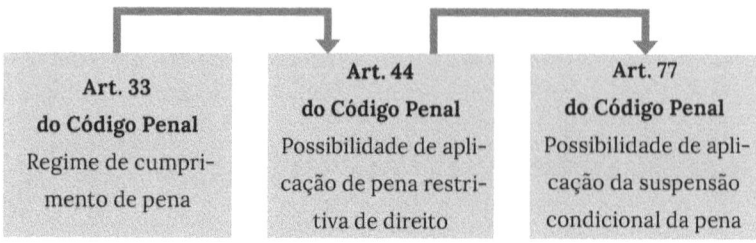

— 1.4 —
# Crítica à orientação jurisprudencial da Súmula n. 231 do Superior Tribunal de Justiça

O art. 65 do Código Penal dispõe sobre as circunstâncias que sempre atenuam a pena. No entanto, apesar de a lei ser expressa em dizer que as circunstâncias atenuantes **sempre** vão reduzir a sanção imposta pelo Estado, se o *quantum* final da pena for fixado no mínimo legal, a jurisprudência majoritária entende que não é possível reduzir aquém do mínimo legal.

É nesse sentido também que indica a Súmula n. 231 do Superior Tribunal de Justiça (STJ – Brasil, 1999), como segue a seguinte jurisprudência sobre o tema:

> AGRAVO REGIMENTAL NO RECURSO ESPECIAL. VIOLÊNCIA DOMÉSTICA. LESÃO CORPORAL. ATENUANTE. CONFISSÃO ESPONTÂNEA. REDUÇÃO DA PENA AQUÉM DO MÍNIMO LEGAL. IMPOSSIBILIDADE. SÚMULA 231/STJ. ACÓRDÃO EM CONSONÂNCIA COM O ENTENDIMENTO DESTA CORTE. SÚMULA 83/STJ. AGRAVO REGIMENTAL IMPROVIDO.
> 1. **Fixada a pena-base no mínimo legal, incabível a redução da sanção abaixo desse patamar pelo reconhecimento de circunstância atenuante, nos termos da Súmula 231/STJ.**
> 2. Estando a decisão recorrida em consonância com o entendimento firmado pelo Superior Tribunal de Justiça, impõe-se a incidência da Súmula 83/STJ, a obstar o processamento do recurso especial. 3. Agravo regimental improvido.
>
> (STJ – AgRg no REsp: 1882372 MS 2020/0162166-0, Relator: Ministro NEFI CORDEIRO, Data de Julgamento: 22/09/2020, T6 – SEXTA TURMA, Data de Publicação: DJe 29/09/2020) (Brasil, 2020b, grifo nosso)

Não obstante o entendimento da Súmula n. 231 do STJ, existe doutrina contra esse posicionamento, uma vez que a previsão legal não deixa, definitivamente, qualquer dúvida sobre a obrigatoriedade da redução da pena abaixo do mínimo legal no caso de existência de circunstâncias atenuantes. Conforme o art. 65 do Código Penal, trata-se de circunstâncias que **sempre** atenuam a pena – independentemente se a pena final fixada já está em seu menor valor.

Nesse sentido, defende Bitencourt (2014, p. 785, grifo do original):

> O equivocado entendimento de que "circunstância atenuante" não pode levar a pena para aquém do mínimo cominado ao delito partiu de **interpretação analógica** desautorizada, baseada na proibição que constava no texto original do parágrafo único do art. 48 do Código Penal de 1940, não repetido, destaque-se, na Reforma Penal de 1984 (Lei n. 7.209/84). Ademais, esse dispositivo disciplinava uma **causa especial** de diminuição de pena – quando o agente quis participar de crime menos grave –, mas impedia que ficasse abaixo do mínimo cominado. De notar que nem mesmo esse diploma revogado (parte geral) estendia interpretação posterior à sua revogação. Lúcido, também nesse sentido, o magistério de Caníbal quando afirma: "É que estes posicionamentos respeitáveis estão, todos, embasados na orientação doutrinária e jurisprudencial anterior à reforma penal de 1984 que suprimiu o único dispositivo que a vedava, por extensão – e só por extensão – engedrada por orientação hermenêutica, que a atenuação da pena por incidência de atenuante não pudesse vir para aquém do mínimo. Isto é, se está raciocinando com base em direito não mais positivo". Ademais, naquela orientação, a nosso juízo superada, utilizava-se de uma espécie *sui generis* de interpretação

analógica entre o que dispunha no antigo art. 48, parágrafo único, do Código Penal (parte geral revogada), que disciplinava uma causa especial de diminuição, e o atual art. 65, que elenca as circunstâncias atenuantes, todas estas de aplicação obrigatória. Contudo, a não aplicação do art. 65 do Código Penal, para evitar que a pena fique aquém do mínimo cominado, não configura, como se imaginava, interpretação analógica, mas verdadeira **analogia** – vedada em direito penal – para suprimir um direito público subjetivo, qual seja a **obrigatória** (circunstância que sempre atenua a pena) atenuação de pena. Por outro lado, a analogia não se confunde com a **interpretação analógica**. A *analogia*, convém registrar, não é propriamente forma ou meio de **interpretação**, mas de *aplicação* da norma legal. A função da analogia não é, por conseguinte, **interpretativa**, mas **integrativa** da norma jurídica. Com a analogia procura-se aplicar determinado preceito ou mesmo os próprios princípios gerais do direito a uma hipótese não contemplada no texto legal, isto é, com ela busca-se colmatar uma lacuna da lei. Na verdade, a *analogia* não é um *meio de* **interpretação**, mas de **integração** do sistema jurídico. Nessa hipótese, que ora analisamos, não há um texto de lei obscuro ou incerto cujo sentido extato se procure esclarecer. Há, com efeito, a ausência de lei que discipline especificamente essa situação. Na verdade, equiparam-se coisas distintas, dispositivos legais diferentes, ou seja, artigo revogado (art. 48, parágrafo único) e artigo em vigor (art. 65); aquele se referia a uma **causa de diminuição** específica; este, às circunstâncias **atenuantes genéricas**, que são coisas absolutamente inconfundíveis [...].

Destacamos também que não existe proibição legal quanto à atenuação da pena abaixo do mínimo no ordenamento jurídico atual. Por isso, é importante dizer que o princípio da legalidade garante a liberdade da pessoa contra o poder punitivo do Estado, e não o contrário, ou seja, e não o poder punitivo do Estado contra a liberdade da pessoa (Santos, 2014).

Outro argumento da doutrina minoritária no sentido que se deveria atenuar a pena abaixo do mínimo legal é o de que o posicionamento da doutrina majoritária quebra o princípio da igualdade legal (por exemplo, no caso de concurso de agentes, o corréu menor de 21 anos é prejudicado pela fixação da pena no mínimo legal, com base nas circunstâncias judiciais), porque direitos definidos em lei não podem ser suprimidos por aplicação invertida do princípio da legalidade (Santos, 2014).

Por fim, a proibição de reduzir a pena abaixo do limite mínimo cominado, na hipótese em discussão – **circunstâncias atenuantes obrigatórias** – constitui evidente analogia *in malam partem*[1], com fundamento na proibição de circunstâncias agravantes excederem o limite máximo da pena cominada, ou seja, aquele ponto central de processo de integração do direito penal proibido pelo princípio da legalidade. "**Mais não é preciso dizer**" (Santos, 2014, p. 564, grifo nosso)

Greco (2015, p. 590) também defende o posicionamento de que, se existe uma circunstância atenuante, a pena deve ser

---

1 Trata-se da analogia feita em prejuízo do acusado.

obrigatoriamente reduzida, pouco importando se ela se encontra em seu mínimo legal ou não.

Portanto, a existência da orientação jurisprudencial da Súmula n. 231 do STJ, no sentido de "manter viva" a vedação a redução legal da pena mínima quando existirem atenuantes obrigatórias "sem fundamento jurídico adequado" (Bitencourt, 2014, p. 787), como determina a lei ordinária, faz com que se fira **cotidianamente os princípios da reserva legal e da individualização da pena** da pessoa.

Ademais, a lei é clara e carente de qualquer obscuridade, conforme Decreto-Lei n. 2.848/1940: "Art. 65. São circunstâncias que sempre atenuam a pena" (Brasil, 1940). Portanto, não há de se falar em proibição de fixação abaixo do mínimo legal da pena cominada, uma vez que não existe interpretação jurídica para isso no texto legal, muito menos lei ordinária determinando o contrário do disposto no art. 65 do Código Penal.

— 1.5 —
## Período de prova

O período de prova é o período de cinco anos em que o agente deve ficar, após o cumprimento ou a extinção da pena do crime em que foi julgado, sem cometer outros delitos.

Assim, para fins de reincidência, não se aproveita a condenação anterior na cominação da pena do agente se, entre a data de cumprimento ou extinção da pena e a infração posterior, tiver decorrido período superior a cinco anos, computando-se o período de prova da suspensão ou do livramento condicional, isso na ausência de ocorrência de revogação (Prado, 2020). Vejamos o teor do art. 64 do Código Penal:

> Art. 64. Para efeito de reincidência:
>
> I – não prevalece a condenação anterior, se entre a data do cumprimento ou extinção da pena e a infração posterior tiver decorrido período de tempo superior a 5 (cinco) anos, computado o período de prova da suspensão ou do livramento condicional, se não ocorrer revogação;
>
> II – não se consideram os crimes militares próprios e políticos. (Brasil, 1940)

Para fins práticos de compreensão sobre o tema, apresentamos, a seguir, algumas figuras exemplificativas.

**Figura 1.3** – Caso 1

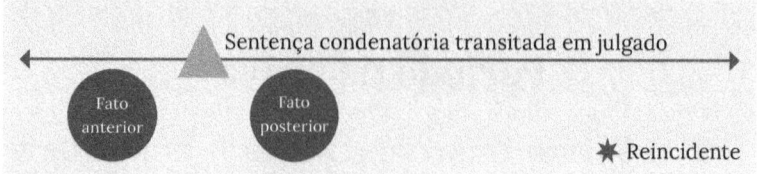

Na Figura 1.3, podemos observar a linha do tempo do período de prova conforme o art. 64 do Código Penal: fato anterior, **com** sentença condenatória entre o fato anterior e o fato posterior, no período de cinco anos em que o agente será considerado reincidente.

No julgamento do fato posterior, o agente será considerado reincidente em razão da existência de condenação anterior já transitada em julgado em um período de cinco anos anteriores ao fato posterior.

**Figura 1.4** – Caso 2

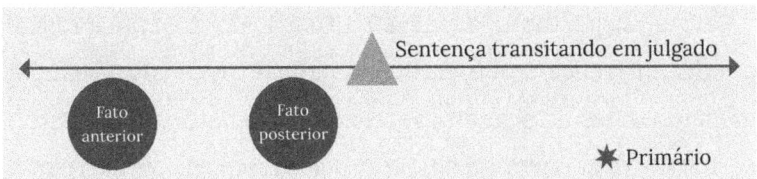

Na Figura 1.4, podemos observar a linha do tempo do período de prova conforme o art. 64 do Código Penal: fato anterior, **sem** sentença condenatória após o fato posterior e no período de cinco anos, momento em que o agente será considerado primário.

No julgamento do fato posterior, o agente será considerado primário em razão da **não** existência de condenação anterior já transitada em julgado em um período de cinco anos anteriores ao fato posterior. Percebemos, nesse exemplo, que o fato anterior não foi julgado. Assim, em que pese a existência de tramitação processual por um fato anterior, ela não pode servir para os efeitos da reincidência no julgamento do fato posterior.

**Figura 1.5** – Caso 3

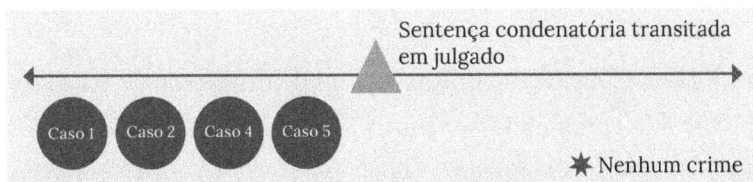

Na Figura 1.5, podemos observar a linha do tempo do período de prova conforme o art. 64 do Código Penal: fatos/casos anteriores, **sem** sentença condenatória no período de cinco anos. Primeira sentença condenatória a ocorrer é a do caso 5, momento em que o agente será considerado primário em razão de não ter condenações anteriores, apenas processos em andamento.

Trata-se, portanto, da mesma situação do exemplo anterior, a única diferença é que, neste exemplo, há três casos sem julgamento antes da primeira sentença condenatória do agente.

Por fim, é importante destacar que os crimes políticos e militares não são desconsiderados para os efeitos da reincidência, conforme o que dispõe o art. 64, inciso II, do Código Penal.

— 1.6 —
## Tipos de reincidência

Conforme Zaffaroni e Pierangeli (2015) é possível dividir os tipos de reincidência da seguinte forma:

- **Genérica** – Consiste no cometimento de um delito depois de ter sido o agente condenado e submetido à pena por outro delito.
- **Específica** – Consiste na prática de um novo delito igual, ou da mesma categoria, daquele pelo qual a pessoa sofreu condenação anterior.
- **Ficta** – Consiste na prática de um delito depois de o agente ter sido condenado por outro.

- **Real** – Consiste no cometimento de um delito depois de o agente ter sido condenado, e "sofrido a pena", por um delito anterior.

Ainda é possível identificar outros tipos de reincidência na doutrina, conforme o relatório de pesquisa sobre a reincidência no Brasil realizado pelo Instituto de Pesquisa Econômica Aplicada (Ipea), elaborado a partir do acordo de cooperação técnica que o Conselho Nacional de Justiça (CNJ) celebrou com o Ipea para que fosse realizada uma pesquisa sobre o tema no Brasil. O termo previu um trabalho capaz de apresentar um panorama da reincidência criminal com base em dados coletados em alguns estados do país, cujo resultado foi de uma pesquisa com informações e reflexões muito importantes acerca do tema.

> i) reincidência legal, que, segundo a nossa legislação, é a condenação judicial por novo crime até cinco anos após a extinção da pena anterior; [...] iii) reincidência penitenciária, quando um egresso retorna ao sistema penitenciário após uma pena ou por medida de segurança; iv) reincidência criminal, quando há mais de uma condenação, independentemente do prazo legal. (Ipea, 2015, p. 8)

O Código Penal adota a reincidência **genérica** e **ficta** (Zaffaroni; Pierangeli, 2015).

Vale lembrar que existem países que já aboliram o instituto da reincidência, por exemplo, o Código Penal da Colômbia, de 1980 (Colômbia, 1980). Infelizmente, o Brasil não demonstra seguir esse caminho, até porque, com a última reforma que sofreu a legislação ordinária – o Pacote Anticrime/Lei n. 13.964, de 24 de dezembro de 2019 (Brasil, 2019a), trouxe-se ainda mais evidência para a reincidência, que, por obviedade, ocorreu no sentido de novos efeitos negativos ao acusado. Perpetuando, portanto, a reincidência em nosso ordenamento sem estudos ou fundamentos que comprovem ser esse o melhor caminho, pois o que percebemos é justamente o contrário, como veremos ao final deste capítulo.

— 1.7 —
## Efeitos da reincidência

Muito se fala sobre a periculosidade do agente (principal efeito da reincidência) demonstrada quando ele é reincidente: a ideia da "periculosidade presumida" (Zaffaroni; Pierangeli, 2015, p. 746) ou presunção de periculosidade da pessoa humana, como se fosse possível responsabilizar e capacitar o direito penal (*ultima ratio*) pelo que vai acontecer no futuro.

Logo, falar em "periculosidade presumida" sem o auxílio das demais ciências, como psicologia, psiquiatria, psicanálise, entre tantas outras, parece um ato prepotente do direito de querer incumbir-se de tal função.

Para contrapor as considerações daqueles que defendem que a "periculosidade presumida" é possível para o direito, Zaffaroni e Pierangeli (2015, p. 747-748, grifo nosso) assim expõem:

b) Dentro **da teoria psicológica da culpabilidade**, sustentou-se que a reincidência demonstrava uma decisão da vontade do autor mais forte ou dotada de maior permanência. Esta conclusão não é, em absoluto, correta, porque pode acontecer ter a própria condenação anterior reforçado essa decisão, e, por outro lado, quando **os delitos são completamente diferentes**, não se pode falar de um reforço de uma vontade que não existe.

c) Outra corrente, agora já dentro da **teoria normativa da culpabilidade**, entende que se a anterior condenação não foi suficiente para reforçar os mecanismos de contramotivação do autor, faz-se necessário reforçar a condenação pelo segundo delito. Esta teoria esquece que a mera notificação de uma condenação, sem qualquer cumprimento de pena, não pode contramotivar a ninguém, ressalvada a hipótese de se lhe atribuir **efeitos mágicos**. Inclusive, nem mesmo uma regulação da reincidência "real", ou seja, que exija o efetivo cumprimento da pena, pode-se afirmar esta consequência, posto que se sabe que a pena, mui frequentemente, não é contramotivadora, mas precisamente motivadora, ou seja, condicionante da assunção do rol ou papel desviado do sujeito.

d) Dentro dessa mesma corrente da culpabilidade normativa, pode-se falar de uma ampla gama de matizes de culpabilidade de autor, isto é, de reprovações da personalidade, do caráter, da "condução de vida", ou seja, todas consideradas como violações do princípio da legalidade, e do direito penal de ato, que **já rechaçamos quando nos ocupamos da chamada "culpabilidade de autor"**.

e) Outra tese, em face do **fracasso das anteriores**, ou ante sua inadmissibilidade diante dos princípios básicos, de qualquer direito penal que respeita a dignidade da pessoa, procurou justificar a agravação da pena pela reincidência num maior conteúdo do injusto do fato: a pessoa que comete um delito depois de ter sido condenado pela pratica de um delito anterior estaria afetando a **imagem pública** do Estado, como provedor da segurança jurídica, com que haveria dois bens jurídicos atingidos: um seria o do delito cometido depois de um primeiro, o outro seria a imagem do Estado, que sairia denegrida quanto ao seu eficaz cumprimento de sua função de provedor de segurança jurídica. Esta seria a explicação mais de acordo como os princípios do direito penal de garantias, isto é, uma presunção de maior conteúdo do injusto do segundo delito, em decorrência de uma dupla ofensa que o mesmo provocaria. Sem embargo, esta última explicação, da mesma forma que as anteriores, não pode quitar um sério inconveniente que apresenta a reincidência, e que a esta é formulada desde o século passado: em toda agravação de pena pela reincidência existe uma violação do princípio do non bis in idem. A pena maior que se impõe na condenação pelo segundo delito decorre do primeiro, pelo qual a pessoa já havia sido julgada e condenada.

Em síntese, podemos observar que os argumentos utilizados neste tópico em desconstrução de possíveis alegações de defesa do instituto da reincidência fazem pleno sentido, pois falar em *periculosidade presumida* parece algo ilógico no direito penal, uma vez que isso – se possível – seria de competência de outros campos do conhecimento.

Infelizmente, é como se o direito mascarasse o direito penal do fato[12] toda vez que utilizasse a reincidência para agravar a pena do agente.

Perpetuar o instituto da reincidência ou utilizá-lo de forma discricionária pelo Estado para punir "mais e mais" o agente que voltou a delinquir é o mesmo que afirmar que o método utilizado pelo Estado de punição se mostra inefetivo, falido e caminha no sentido de "bomba atômica" prestes a explodir que é o sistema carcerário. Portanto, o que deveria ser aprimorado é o método de cumprimento da pena, indo ao encontro do "coração" do problema, e não da consequência e do agravamento infinito do problema.

Fato inconteste é que o cárcere brasileiro nada mais é do que o exercício do poder arbitrário e irracional do poder punitivo.

Do ponto de vista científico, não há como justificar racionalmente a pena criminal, pois todas as justificativas apresentadas historicamente da pena nunca atingiram seu objetivo. Por exemplo, a pena não ressocializa, a pena não intimida, a pena não é uma retribuição equivalente – pois, se fosse, seria uma ideia autoritária, porque pode levar ao exercício infinito da vingança ou do castigo social.

---

2   Falar em *direito penal do fato* indica a possibilidade de o **direito penal** punir condutas típicas praticadas pelos indivíduos. Por outro lado, falar em *direito penal do autor* envolve permitir que o indivíduo seja julgado pelo que ele é como pessoa, por exemplo, ser julgado pelo histórico criminal, e não pelo fato em si que está sob julgamento.

E como sabemos que as justificativas apresentadas da pena até aqui nunca cumpriram seus objetivos? Para responder a esse questionamento, é necessário olhar para o altíssimo índice de reincidência no país e refletir sobre ele, bem como sobre a seletividade penal de nosso sistema de justiça criminal.

É preciso reconhecer a necessidade de ter o outro ser humano como polo principal da relação entre Estado e agente que infringe a lei, principalmente no que se refere à execução das penas privativas de liberdade.

Será que se trata de utopias? Se a resposta for positiva, precisamos reconhecer a importância delas no campo da ciência e da prática jurídica, pois elas são capazes de mover os seres humanos em busca do que almejam. São os "sonhos diurnos" de Ernest Bloch (2005, p. 14-28).

Assim, Bloch (2005, p. 14-28), quando se refere aos "sonhos diurnos", esclarece que uma parte deles nos instiga, uma vez que não permitem que nos conformemos com o precário que aqui está, não permitem a resignação. Trata-se justamente do olhar sóbrio da utopia, no sentido de ser lúcido.

Seria, portanto, avaliar com clareza o problema, sob um olhar desapaixonado e com ausências de crenças, com o intuito de implementar possíveis mecanismos efetivos de enfrentamento e melhoria de sistema.

Ainda segundo Bloch (2005, p. 14-28), "pensar significa transpor", cuja transposição efetiva não vai em direção ao mero vazio ou mero entusiasmo, mas implica a extrema vontade que se dirige a ela. São expectativas, esperança e intenção voltadas para a possibilidade do que ainda não veio a vir a ser.

Para demonstrar o quão grave e patológico é o sistema da reincidência em nosso ordenamento jurídico, elaboramos um quadro para contabilizar os principais efeitos da reincidência no direito penal, no processo penal e na execução da pena (fora a presunção de periculosidade do agente):

**Quadro 1.2** – Efeitos das reincidências

| | Efeito da reincidência | Fundamentação jurídica |
|---|---|---|
| 1 | Constitui circunstância agravante obrigatória | art. 61, inciso I, do Código Penal |
| 2 | Determina regime inicial da execução do apenado mais gravoso | art. 33 do Código Penal |
| 3 | Exclui suspensão condicional da pena em crimes dolosos | art. 77, inciso I, do Código Penal |
| 4 | Impede a substituição da pena privativa de liberdade por pena restritiva de direitos ou multa | art. 44, inciso II, e art. 62, parágrafo 2º, do Código Penal |
| 5 | Constitui circunstâncias preponderantes na concorrência de circunstâncias agravantes e atenuantes | art. 67 do Código Penal |
| 6 | Amplia os prazos da prescrição da pretensão executória e do livramento condicional | art. 110 e art. 83 do Código Penal |
| 7 | Interrompe os prazos prescricionais | art. 117, inciso VI, do Código Penal |

(continua)

(Quadro 1.2 – conclusão)

| | Efeito da reincidência | Fundamentação jurídica |
|---|---|---|
| 8 | Determina a revogação da reabilitação | art. 95 do Código Penal |
| 9 | Exclui privilégios legais especiais | art. 155, parágrafo 2º, do Código Penal |
| 10 | Exclui o perdão judicial na receptação culposa | art. 180, parágrafo 5º, do Código Penal |
| 11 | Constitui circunstância preponderante no concurso de agravantes | art. 67 do Código Penal |
| 12 | Duplica o tempo da pena cominada | art. 28, parágrafo 4º, da Lei n. 11.343, de 23 de agosto de 2006 (Brasil, 2006b) |
| 13 | Exclui a transação penal e a suspensão condicional do processo da Lei n. 9.099, de 26 de setembro de 1995 (Brasil, 1995). | art. 89 da Lei n. 9.099/1995 |
| 14 | Revoga o sursis (suspensão condicional do processo), de forma obrigatória, no caso de condenação em crime doloso, e facultativamente no caso de por crime culposo ou contravenção | art. 81, inciso I, parágrafo 1º, do Código Penal |
| 15 | Revoga o livramento condicional | art. 86 e art. 87 do Código Penal |
| 16 | Prisão automática e vedação à concessão da liberdade provisória | art. 310, parágrafo 2º, do Código de Processo Penal |
| 17 | Vedação do acordo de não persecução penal a quem é reincidente | art. 28-A, parágrafo 2º, inciso II, do Código de Processo Penal |

## — 1.8 —
## Reincidência e a violação do princípio *non bis in idem*

O princípio *non bis in idem*, ou seja, o princípio de que ninguém seja condenado por duas ou mais vezes pelo mesmo fato, ainda que não esteja previsto na Constituição Federal, está assegurado no Pacto de São José da Costa Rica – Decreto n. 678, de 6 de novembro de 1992 (Brasil, 1992), do qual o Brasil é signatário. Desse modo, segundo esse princípio, a pessoa acusada, tendo sido absolvida em sentença anterior, não poderia ser acusada pelo mesmo crime. É o que determina expressamente o princípio *non bis in idem*.

A seguir podemos observar uma figura exemplificativa acerca do tema.

**Figura 1.6** – Exemplo de caso

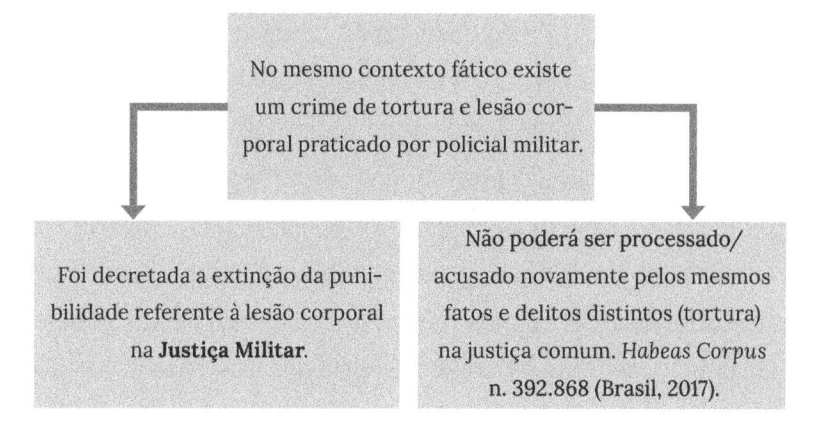

```
                No mesmo contexto fático existe
                um crime de tortura e lesão cor-
                poral praticado por policial militar.
                         │                │
            ┌────────────┘                └────────────┐
            ▼                                          ▼
 Foi decretada a extinção da puni-         Não poderá ser processado/
 bilidade referente à lesão corporal       acusado novamente pelos mesmos
        na Justiça Militar.                fatos e delitos distintos (tortura)
                                           na justiça comum. Habeas Corpus
                                              n. 392.868 (Brasil, 2017).
```

O Pacto de São José da Costa Rica, Decreto n. 678/1992, em seu art. 8º, referente às garantias judiciais, determina que: "O acusado absolvido por sentença transitada em julgado não poderá ser submetido a novo processo pelos mesmos fatos" (Brasil, 1992).

Como já mencionado, em todo agravamento de pena pela reincidência existe uma violação do princípio do *non bis in idem*, uma vez que a pena superior que se impõe na condenação pelo segundo delito é decorrente do primeiro, pelo qual a pessoa já havia sido julgada e condenada (Zaffaroni; Pierangeli, 2015). Assim, podemos perceber, na figura anterior, que o acusado que for processado e julgado na Justiça Militar não poderá ser acusado do mesmo modo na Justiça Comum.

O mesmo ocorre, ou deveria ocorrer, em qualquer âmbito da justiça. Entretanto, o acusado é processado e julgado por um fato e, ainda que tenha cumprido a pena, pode ser condenado pela segunda vez em um processo porvindouro por aquele primeiro fato em virtude do instituto da reincidência.

A reincidência permite o mecanismo infindável de a pessoa continuar a responder juridicamente por fatos passados, processados e julgados. É a perpetuidade de agravação de pena graças ao instituto da reincidência em nosso ordenamento jurídico.

Mas muito se diz que, se o agente não delinquir novamente, não sofrerá os efeitos pela reincidência, ou seja, desde que ele não cometa nenhum fato típico. Ocorre que a questão não é tão simples assim.

O próprio sistema carcerário e as políticas criminais atuais são um círculo vicioso, pois, em que pese o agente egresso ter cumprido pena privativa de direitos, a "pena da exclusão social" continua fora do cárcere.

Em síntese, e no pensamento popular majoritário, ninguém quer ter um(a) ex-presidiário(a) trabalhando em sua empresa, **cuidando de seus filhos etc.**, e um dos motivos muito afirmado pelo senso comum é porque se diz que o cárcere brasileiro é uma "fábrica de produzir criminosos"; no entanto, é também uma máquina de "moer pobres", a qual opera sem parar todos os dias.

O cárcere é uma situação ora implícita, ora explícita, como no caso da reincidência, de **asfixia social**, que contém os principais dramas das mazelas sociais.

Vejamos um trecho do prefácio do livro Os *miseráveis*, de Victor Hugo (2017):

> Enquanto, por efeito de leis e costumes, houver proscrição social, forçando a existência, em plena civilização, de verdadeiros infernos, e desvirtuando, por humana fatalidade, um destino por natureza divino; enquanto os três problemas do século – a degradação do homem pelo proletariado, a prostituição da mulher pela fome, e a atrofia da criança pela ignorância – não forem resolvidos; enquanto houver lugares onde seja possível a asfixia social; em outras palavras, e de um ponto de vista mais amplo ainda, enquanto sobre a terra houver ignorância e miséria, livros como este não serão inúteis.

Claro que não estamos a defender o crime, nem mesmo a justificar as atividades criminosas fora do contexto de justificantes existentes na legislação ordinária.

O que se almeja com o presente texto é o início de uma desconstrução do pensamento enraizado que é o dogma da reincidência, uma vez que a culpa de um sistema patológico é todos os profissionais do direito e, principalmente, do Estado, o responsável pela segregação de liberdades.

Vale lembrar que existe na jurisprudência atual a possibilidade de considerar a reincidência mais de uma vez nas fases da dosimetria da pena do indivíduo, assim, se o acusado ostenta mais de uma condenação definitiva, não há ilegalidade, segundo os tribunais superiores, na utilização de uma delas na fixação da pena-base (maus antecedentes) e de outra no reconhecimento da reincidência, com acréscimo na segunda fase do cálculo penal. Para esse entendimento, do qual discordamos, não há a ocorrência de *bis in idem*, ou seja, a valoração de um mesmo fato em momentos diversos da aplicação da pena.

Vejamos também a seguinte jurisprudência do STJ:

> RECURSO ESPECIAL Nº 1.862.230 - PR (2020/0036519-9) RELATOR: MINISTRO JOEL ILAN PACIORNIK RECORRENTE: PAULO RODRIGUES PEREIRA ADVOGADOS: ANTONIO CESAR PORTELA - PR070618 ANDRESSA BARANOSKI MELLO - PR090046 RECORRIDO: MINISTÉRIO PÚBLICO FEDERAL DECISÃO Trata-se de recurso especial com fulcro no art. 105, III, alínea a, da Constituição Federal, interposto em desfavor de

acórdão proferido pelo Tribunal Regional Federal da 4ª Região. Consta dos autos que o réu foi condenado como incurso nas sanções do art. 289 (moeda falsa), § 1º, do Código Penal, às penas de 4 (quatro) anos e 1 (um) mês de reclusão, em regime inicial fechado, e multa de 100 (cem) dias-multa, no valor unitário de 1/30 (um trinta avos) do salário-mínimo vigente à época do fato delituoso (janeiro de 2016), devidamente atualizado. A pena corporal não foi substituída em razão da reincidência em crime doloso. Irresignada a parte e interposto recurso, restou este desprovido por acórdão assim ementado (e-STJ, fl. 249): DIREITO PENAL. MOEDA FALSA. ART. 289, § 1º, CP. DOSIMETRIA. REGIME DE CUMPRIMENTO DE PENA. RÉU REINCIDENTE ESPECÍFICO. CIRCUNSTÂNCIA JUDICIAL DESFAVORÁVEL. 1. Configura o delito do artigo 289, § 1º, do Código Penal, a conduta de guardar e introduzir cédula falsa com ciência da falsidade. 2. **Não há ofensa ao princípio do ne bis in idem, quando o magistrado utiliza uma condenação criminal transitada em julgado a título de maus antecedentes e outra para fins de reincidência.** 3 [...] Assim, foi fixado o regime fechado para início de cumprimento da pena diante da existência de maus antecedentes, inclusive diante de reincidência específica, não preenchendo o requisito previsto no art. 33, § 2º, alínea c, do Código Penal. Neste sentido: PENAL. PROCESSUAL PENAL. RECURSO ESPECIAL. FURTO. PENA INFERIOR A 4 (QUATRO) ANOS. RÉU REINCIDENTE. PÉSSIMOS ANTECEDENTES. REGIME FECHADO FIXADO NA SENTENÇA. LEGALIDADE. PRECEDENTES. RECURSO PROVIDO. I. **Não há óbice à fixação de regime fechado, se o julgador considera e valora os maus antecedentes e a reincidência específica em crime doloso do agente.** II. Precedentes. III. Recurso provido para restabelecer a sentença de primeiro grau de jurisdição, quanto ao regime de cumprimento da pena. (REsp 328.190/SP, Rel. Ministro GILSON DIPP, QUINTA TURMA, julgado em 03/12/2002, DJ 03/02/2003, p. 342) Ante o exposto, com fundamento no art. 932, inc. IV, alínea a, do Código de Processo Civil c/c o art. 3.º do Código de Processo Penal, nego provimento ao recurso especial, nos termos da fundamentação. Publique-se. Intimem-se. Brasília, 23 de março de 2020. MINISTRO JOEL ILAN PACIORNIK Relator (STJ – REsp: 1862230 PR 2020/0036519-9, Relator: Ministro JOEL ILAN PACIORNIK, Data de Publicação: DJ 24/03/2020). (Brasil, 2020e, grifo nosso)

Com o devido respeito ao posicionamento majoritário, discordamos veementemente dele, principalmente porque ter a pena agravada por fato anterior ao que está em processamento nos parece que o indivíduo está a ser condenado novamente, uma vez que sua pena está sendo aumentada por isso. Parece algo lógico. Vejamos o exemplo da figura a seguir.

**Figura 1.7** – Exemplo da reincidência no total condenatório

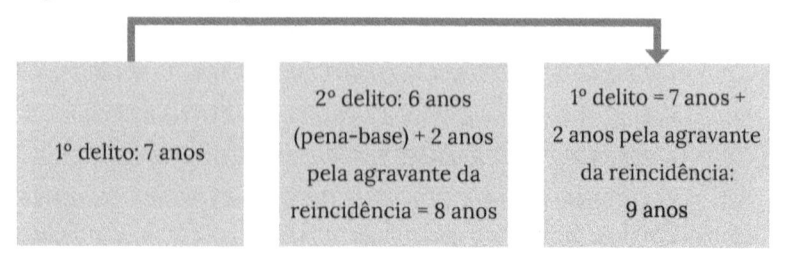

| 1º delito: 7 anos | 2º delito: 6 anos (pena-base) + 2 anos pela agravante da reincidência = 8 anos | 1º delito = 7 anos + 2 anos pela agravante da reincidência: 9 anos |
|---|---|---|

De acordo com o exemplo da figura anterior, por meio do instituto da reincidência, podemos afirmar que o agente cumpriu pelo primeiro delito a pena total de nove anos, e mais seis anos pelo segundo delito.

Conforme a figura, o agente foi condenado pelo crime de roubo qualificado por sete anos e cumpriu a pena integralmente. Durante o período de prova (cinco anos), cometeu outro crime de roubo que ensejou uma condenação de uma pena-base de seis anos, que foi majorada em dois anos por ele ser reincidente. Logo, é como se, pelo primeiro delito, ele fosse condenado por uma pena de sete mais dois anos, totalizando nove anos. Dessa maneira, o agente é condenado a uma pena de dois anos por um fato pelo qual ele já havia sido processado, condenado, além de ter cumprido sua pena de forma integral.

De tal modo, observamos a reincidência como um principal instrumento de "patrocínio" do sistema carcerário brasileiro.

Com base no alto índice de reincidência entre os apenados, constatamos também a incapacidade do Estado em processar e sentenciar aquele que lhe é destinado.

Passeti (2006, p. 91) destaca que:

> Desta maneira, conclui-se que o sistema penal processa, prende e sentencia pelo dispositivo da seletividade, e os seus alvos principais se ampliam ou se concentram a partir das populações pobres e miseráveis, das pessoas que atentam contra a moral e dos rebeldes contestadores do conformismo. Portanto, há mais sociedades sem penas do que imagina o

simplório e obediente cidadão. Diante disso, a doutrina da punição pelo direito penal como prevenção geral contra a desordem é a utopia da sociedade disciplinar que migra para a de controle, sob o regime político democrático ou totalitário.

Vale lembrar que a maioria da população carceraria é composta por pessoas negras e pobres. Assim, conforme Cardin (2018):

> a população negra assume o protagonismo quando o assunto é população carcerária: 64% dos presos no sistema penitenciário nacional são negros. Em 2016, Relatório Sobre o Perfil dos Réus Atendidos nas Audiências de Custódia concluiu que a possibilidade de um branco preso em flagrante ser solto ao ser apresentado ao Juiz é 32% maior que a de um negro ou de um pardo na mesma situação.

Ainda, na tentativa de eliminar o *bis in idem* que ocorre por meio do instituto da reincidência, Armim Kaufman desenvolveu a teoria da tipicidade com duplo bem jurídico. Segundo essa teoria, a pessoa que comete o segundo delito estaria violando duas normas: em primeiro lugar, a do segundo tipo e, em segundo lugar, a que proíbe a prática de um segundo delito. Portanto, a cada tipo penal corresponderiam duas normas: uma específica, destinada a tutelar o bem jurídico a que se refere, e outra, genérica, referente à proibição de um futuro delito (Zaffaroni; Pierangeli, citados por Barreiros, 2007).

Contudo, para Zaffaroni e Pierangeli (citados por Barreiros, 2007), a referida teoria é insustentável, visto que o segundo bem jurídico tutelado seria o sentimento de segurança jurídica, que não é um bem jurídico independente, mas sim o somatório de todos os bens jurídicos a serem tutelados.

Nas palavras de Zaffaroni e Pierangeli (2015, p. 748-749, grifo nosso): "A reincidência decorre de um interesse estatal de classificar as pessoas em disciplinadas e indisciplinadas, e é obvio não ser esta função do direito penal garantidor". Ainda, afirmam que "em toda agravação de pena pela reincidência existe uma violação do princípio *non bis in idem*".

Ressaltamos, ainda, a importante decisão do HC n. 452.570/PR, que versa sobre o direito ao esquecimento da Sexta Turma do STJ. A recente decisão determinou que é possível aplicar a teoria do direito ao esquecimento na seara penal com a finalidade de não se perpetuar a valoração negativa dos antecedentes da pessoa (Ganem, 2021).

HABEAS CORPUS. TRÁFICO DE DROGAS E ASSOCIAÇÃO PARA O TRÁFICO. INÉPCIA DA DENÚNCIA. PROLAÇÃO DE SENTENÇA CONDENATÓRIA. PEDIDO PREJUDICADO. VIOLAÇÃO DO PRINCÍPIO DA CORRELAÇÃO. NÃO OCORRÊNCIA. MAUS ANTECEDENTES. PROCESSOS ANTIGOS. DIREITO AO ESQUECIMENTO. CONSTRANGIMENTO ILEGAL EVIDENCIADO. CAUSA ESPECIAL DE DIMINUIÇÃO PREVISTA NO ART. 33, § 4º, DA LEI N. 11.324/2006. INAPLICABILIDADE. DEDICAÇÃO A ATIVIDADES CRIMINOSAS. REQUISITOS NÃO PREENCHIDOS. CONTINUIDADE DELITIVA. FRAÇÃO. NÚMERO DE INFRAÇÕES. AUSÊNCIA DE ILEGALIDADE.

4. Nos termos da jurisprudência desta Casa, "**quando os registros da folha de antecedentes do réu são muito antigos, como no presente caso, admite-se o afastamento de sua análise desfavorável, em aplicação à teoria do direito ao esquecimento. Não se pode tornar perpétua a valoração negativa dos antecedentes, nem perenizar o estigma de criminoso para fins de aplicação da reprimenda, pois a transitoriedade é consectário natural da ordem das coisas. Se o transcurso do tempo impede que condenações anteriores configurem reincidência, esse mesmo fundamento – o lapso temporal – deve ser sopesado na análise das condenações geradoras, em tese, de maus antecedentes**" (REsp n. 1.707.948/RJ, relator Ministro Rogerio Schietti Cruz, Sexta Turma, DJe de 16/4/2018).

[...]

8. Ordem parcialmente concedida para afastar a circunstância judicial relativa aos maus antecedentes da primeira etapa do cálculo das reprimendas e, assim, redimensionar a sanção definitiva do paciente para 13 anos, 4 meses e 28 dias de reclusão, mais o pagamento de 1.997 dias-multa, mantidas as demais disposições do acórdão local. (HC 452.570/PR, Rel. Ministro ANTONIO SALDANHA PALHEIRO, SEXTA TURMA, julgado em 02/02/2021, DJe 10/02/2021) (STJ, citado por Ganem, 2021, grifo nosso)

É notório que a seletividade penal opera por meio de marcadores sociais pontualmente definidos, por isso os aprisionamentos provisório e definitivo alcançam jovens, negros, pobres e com baixa escolaridade, bem como crimes de tráfico de drogas e patrimoniais em sua grande parte. Além do mais, o índice de reincidência é superior a 70% (Cappellari, 2020).

Sustenta-se que a reincidência não é um instituto recepcionado pela Constituição da República diante dos abusos que ela acarreta a um processo democrático de direito, em que o direito penal do autor é rechaçado pelo ordenamento pátrio.

Silva Franco (citado por Dotti, 2013, p. 653) aponta que a reincidência, "como hoje é definida no Código Penal, deve ser expurgada da legislação brasileira", uma vez que esse autor defende que ela não acomoda o modelo estatal garantista diante de diversos princípios expressos e implícitos na Constituição da República.

Nesse mesmo sentido, Juarez Cirino dos Santos (2014) afirma que a reincidência (ficta ou real) significa dupla punição ao acusado.

Delmanto (citado por Dotti, 2013, p. 653-564) defende que a reincidência é metaforicamente "o dedo posto em uma ferida, demonstrando a ineficácia do atual modelo de repressão penal".

Segue o voto do Ministro Eugenio Raúl Zaffaroni da Corte Suprema da Argentina no Recurso n. 6.457/2009, no sentido da inconstitucionalidade da reincidência, que prestigiou as diretrizes da Corte Internacional de Direitos Humanos – qualquer agravante de ordem pessoal do acusado é inconstitucional. Esse voto não foi dominante na corte, razão pela qual foi reconhecida a constitucionalidade:

> Que em el presente caso, la aplicación de uma pena superior a la del delito em razón de los antecedentes el imputado contraviene el principio de culpabilidad y va más allá del reproche por la conducta desplegada, en uma clara manifestación de derecho penal de autor, inacetable em um estado de derecho. (Zaffaroni, citado por Dotti, 2013, p. 655)

Diante do exposto, parece-nos que o instituto da reincidência em questão, com todas as suas inconstitucionalidades, alimenta o encarceramento, e não o contrário, que é almejado pelo sistema atual penal. Esse instituto fortalece os sistemas inquisitoriais e continua a alimentar a cultura punitivista como circunstância agravante, influindo diretamente na medida da culpabilidade (subjetiva) do agente.

Assim, a "culpa pretérita não afasta a presumida inocência do presente" (Tessara, 2020, p. 22), e insistir na aplicação do instituto da reincidência é o mesmo que permitir uma dupla punição ao agente, reconhecendo, portanto, a ineficácia do sistema punitivo estatal anterior.

**Capítulo 2**

*Reconhecimento de pessoas*

Abordaremos, sob um viés crítico, o instituto do reconhecimento de pessoas no processo penal, o qual se procede mediante a observância do art. 226 do Código de Processo Penal – Decreto-Lei n. 3.689, de 3 de outubro de 1941 (Brasil, 1941).

Sabemos que uma das instrumentalidades do processo penal é ser garantidor dos direitos e das garantias individuais elencados na Constituição da República (Brasil, 1988), mais precisamente em seu art. 5, inciso LVI, bem como no art. 157 do Código de Processo Penal, os quais asseveram, respectivamente: "LVI – são inadmissíveis, no processo, as provas obtidas por meios ilícitos" (Brasil, 1988); "São inadmissíveis, devendo ser desentranhadas do processo, as provas ilícitas, assim entendidas as obtidas em violação a normas constitucionais ou legais" (Brasil, 1941).

Ocorre que nem sempre essas garantias são respeitadas em sua integralidade, por exemplo, se o reconhecimento de pessoas não seguir o procedimento legal, estaremos diante de uma prova ilegal.

Ao final deste capítulo, avaliaremos a forma como ocorre o reconhecimento de pessoas no novo Código de Processo Penal do Uruguai – Ley n. 19.293, de 19 de diciembre de 2014 (Uruguay, 2014) –, o qual nos fornece um grande aprendizado e um norte para o aprimoramento do atual sistema penal brasileiro.

## — 2.1 —
## Conceito e fundamento jurídico

Cordeiro (citado por Lopes Júnior, 2016a, p. 505) aponta que "o reconhecimento é um ato através do qual alguém é levado a analisar alguma pessoa ou coisa e, recordando o que havia percebido em um determinado contexto, comparam as duas experiências".

Segundo Lopes Júnior (2016a), ocorre o reconhecimento quando há a recordação empírica coincidindo com a nova experiência, a qual é levada a cabo nos inquéritos policiais e nas audiências durante o processo penal.

A possibilidade da construção probatória ocorre por meio de várias ferramentas no processo penal, as quais podemos chamar de *meios probatórios*. Entre eles, o reconhecimento de pessoa que está elencado no art. 226 do Decreto-Lei n. 3.689/1941.

Mas antes de nos aprofundarmos nesse meio probatório, ora objeto de nosso estudo (o reconhecimento de pessoa), é necessário mencionarmos a importância e a complexidade que é a produção de uma prova penal, uma vez que ela deve ser incontestável, ou seja, não pode permitir ao julgador uma condenação com base em "dúvida razoável".

É nesse sentido a jurisprudência do Supremo Tribunal de Justiça (STJ) no *Habeas Corpus* n. 172.606/SP:

> As provas, portanto, precisam ser incontestáveis, não se admitindo condenações com base em "dúvida razoável", como destacado pelo DECANO da SUPREMA CORTE, Ministro Celso de

Mello: "nenhuma acusação penal se presume provada. Esta afirmação, que decorre do consenso doutrinário e jurisprudencial em torno do tema, apenas acentua a inteira sujeição do Ministério Público ao ônus material de provar a imputação penal consubstanciada na denúncia. Com a superveniência da Constituição de 1988, proclamou-se, explicitamente (art. 5º, LVII), um princípio que nem sempre existira, de modo imanente, em nosso ordenamento positivo: o princípio da não culpabilidade" (AP 858/DF, Pleno, trecho do voto do Min. Celso de Mello. Acórdão publicado no DJe de 7-11-2014).

O Estado de Direito não tolera meras conjecturas e ilações como fundamento condenatório em ação penal, pois a prova deve ser robusta, consistente, apta e capaz de afastar a odiosa insegurança jurídica, que tornaria inviável a crença nas instituições públicas.

A **presunção de inocência**, em um Estado de Direito, exige, para ser afastada, um mínimo necessário de provas produzidas por meio de um devido processo legal. No sistema acusatório brasileiro, o ônus da prova é do Ministério Público, sendo imprescindíveis provas efetivas do alegado, produzidas sob o manto do contraditório e da ampla defesa, para a atribuição definitiva ao réu de qualquer prática de conduta delitiva, sob pena de simulada e inconstitucional inversão do ônus da prova.

A inexistência de provas produzidas pelo Ministério Público na **instrução processual ou de confirmação em juízo de elemento obtido na fase inquisitorial e apto a afastar dúvida razoável no tocante à culpabilidade do réu não possibilita a manutenção de decreto condenatório** (Brasil, 2019c, grifo do original)

A possibilidade e a necessidade de se fazer o reconhecimento de pessoa, que está elencado no art. 226 do Código de Processo Penal, deve seguir uma forma processual expressa, como podemos observar a seguir:

> Art. 226. Quando houver necessidade de fazer-se o reconhecimento de pessoa, proceder-se-á pela seguinte forma:
>
> I – a pessoa que tiver de fazer o reconhecimento será convidada a descrever a pessoa que deva ser reconhecida;
>
> II – a pessoa, cujo reconhecimento se pretender, será colocada, se possível, ao lado de outras que com ela tiverem qualquer semelhança, convidando-se quem tiver de fazer o reconhecimento a apontá-la;
>
> III – se houver razão para recear que a pessoa chamada para o reconhecimento, por efeito de intimidação ou outra influência, não diga a verdade em face da pessoa que deve ser reconhecida, a autoridade providenciará para que esta não veja aquela;
>
> IV – do ato de reconhecimento lavrar-se-á auto pormenorizado, subscrito pela autoridade, pela pessoa chamada para proceder ao reconhecimento e por duas testemunhas presenciais.
>
> Parágrafo único. O disposto no inciso nº III deste artigo não terá aplicação na fase da instrução criminal ou em plenário de julgamento. (Brasil, 1941)

## — 2.2 —
## Reconhecimento de pessoas na prática forense

O reconhecimento por excelência, no Código de Processo Penal, é o visual. Desse modo, depende do reconhecimento por meio dos outros sentidos, como auditivo, olfativo ou táctil (Lopes Júnior, 2016a).

É importante destacarmos o que diz a legislação estrangeira sobre a possibilidade de percepção dos outros sentidos no processo penal:

- **Código de Processo Penal italiano** (Italy, 1988) – O art. 216 indica que, quando é ordenado o reconhecimento de vozes, sons ou qualquer outra coisa que possa estar sujeita à percepção sensorial, o juiz prossegue observando o disposto no art. 213 (que trata sobre o reconhecimento de pessoas), na medida em que elas sejam aplicáveis.
- **Código de Processo Penal português** (Portugal, 1987) – O art. 147 estabelece que, se o reconhecimento for feito sem observância das regras legais, não pode ser considerado meio de prova.

Trata-se de uma prova formal (que almeja confirmar a identidade de uma pessoa), mas, na prática forense, é comum haver reconhecimentos informais.

O Código de Processo Penal brasileiro é omisso no sentido de não estabelecer um número mínimo de pessoas com características parecidas para serem postas uma ao lado da outra.

Na figura a seguir, podemos observar três pessoas com características completamente diferentes umas das outras. Primeiro, há um homem de idade média, careca, usando óculos, roupa social e bigode. O segundo homem apresenta barba, porte atlético, brinco e tatuagem. O terceiro está sem barba, sem brinco e, aparentemente, sem tatuagem. Os três indivíduos apresentam algumas características semelhantes, tais como cor de cabelo, olhos, pele e altura.

**Figura 2.1** – O ato de reconhecimento

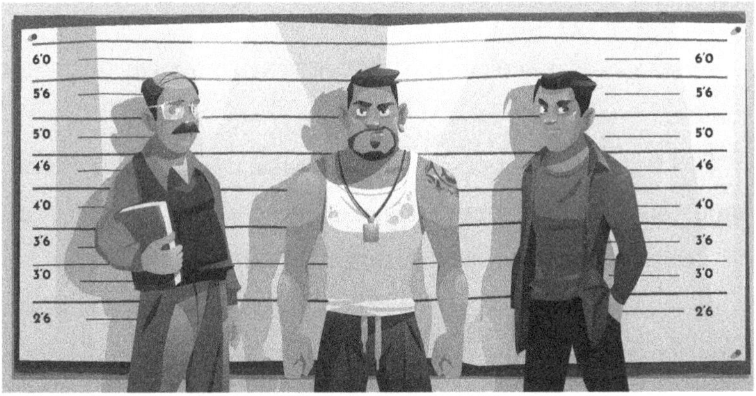


*vectorpouch/Shutterstock*

Agora, após a análise da figura exemplificativa e hipotética de reconhecimento de pessoas, imagine-se na condição de testemunha, que, a pedido do policial, deve apontar quem foi o culpado pelo crime. Mas se o policial lhe avisasse que o culpado pode ou não estar nessas imagens, você reconheceria algum deles como culpado? Será que sua memória seria infalível?

Essa forma de questionamento poderia causar-lhe insegurança ao responder, uma vez que você sabe que não há certeza de que o culpado está ali, "exposto e pronto", para o reconhecimento. Essa reflexão vai ser retomada ao final deste tópico.

Sabemos que compete à autoridade policial proceder ao reconhecimento de pessoas e coisas e a acareações na fase investigativa, nos termos do art. 226 do Código de Processo Penal.

Nos casos que envolvem diversas testemunhas e/ou informantes, também se aplica o disposto o art. 228 do Código de Processo Penal: "Art. 228. Se várias forem as pessoas chamadas a efetuar o reconhecimento de pessoa ou de objeto, cada uma fará a prova em separado, evitando-se qualquer comunicação entre elas" (Brasil, 1941).

Esses são os únicos dispositivos legais na nossa lei ordinária sobre o tema ora discutido.

Desde logo, percebemos que se trata de um tema de cogente importância, que carece de legislação específica e garantidora de direitos fundamentais da pessoa humana.

Destacamos, ainda, que o art. 226 do Código de Processo Penal é tratado pela jurisprudência majoritária como "mera recomendação", portanto, caso esse dispositivo não seja seguido, não ensejará nulidade no processo penal, como se demonstra a seguir:

AGRAVO EM RECURSO ESPECIAL Nº 1662901 - ES (2020/0034171-2) RELATOR : MINISTRO REYNALDO SOARES DA FONSECA AGRAVANTE : ELIAS ANTUNES SILVA

ADVOGADO: DEFENSORIA PÚBLICA DO ESTADO DO ESPÍRITO SANTO AGRAVADO: MINISTÉRIO PÚBLICO DO ESTADO DO ESPÍRITO SANTO CORRÉU: HEBERT DINIZ DE ARAUJO DECISÃO Agrava de decisão que não admitiu recurso especial interposto com fundamento no artigo 105, inciso III, alínea "a", do permissivo constitucional, contra acórdão do Tribunal de Justiça do Espírito Santo, assim ementado: APELAÇÃO CRIMINAL. ROUBO MAJORADO PELO CONCURSO DE PESSOAS E USO DE ARMA DE FOGO. NULIDADE PROCESSUAL. INOBSERVÂCIA DO DISPOSTO NO ART. 266 DO CPP. INOCORRÊNCIA. MERA RECOMENDAÇÃO. PEDIDO DE ABSOLVIÇÃO. IMPOSSIBILIDADE. PEDIDO DE REDUÇÃO DA PENA. POSSIBILIDADE. OBSERVÂNCIA DA SÚMULA 443 DO STJ. RECURSOS PARCIALMENTE PROVIDOS. 1. **De acordo com a ampla jurisprudência dos Tribunais Superiores, as formalidades descritas no art. 226 do CPP tratam-se [SIC] de mera recomendação, que não possuem a obrigação de serem seguias à risca.** [...]

Decido.

A irresignação não prospera.

O Tribunal de Justiça do Espírito Santo afastou a alegação de nulidade do procedimento de reconhecimento de pessoas, sob os seguintes fundamentos:

**De início, verifico que não merece amparo a tese de nulidade do processo em razão da inobservância do disposto no art. 226 do CPP (reconhecimento de pessoas).**

**Isto porque, de acordo com a ampla jurisprudência dos Tribunais Superiores, as formalidades descritas na referida norma tratam-se [SIC] de mera recomendação, que não possuem**

a obrigação de serem seguias à risca. [...] Ademais, deve-se ter em mente que, de acordo com o brocardo pás de nullité sans grief, não há que se falar em nulidade sem a comprovação de prejuízo.

Deste modo, verifico que a defesa se limitou a argumentar a ocorrência da irregularidade, sem apontar como tal irregularidade veio prejudicar a situação dos réus. De mais a mais, conforme se verá a seguir, a condenação criminal não se baseou apenas no reconhecimento feito, havendo outros elementos que comprovam a autoria e materialidades delitiva. (e-STJ fls. 591/592)

O entendimento acima está em perfeita harmonia com a jurisprudência deste Tribunal Superior assente no sentido de que as disposições insculpidas no art. 226 do CPP configuram uma recomendação legal, e não uma exigência absoluta, não se cuidando, portanto, de nulidade quando praticado o ato processual (reconhecimento pessoal) de modo diverso.

**Acrescente-se que esta Corte possui entendimento pacífico no sentido de não haver nulidade quando o reconhecimento fotográfico realizado na fase investigatória é ratificado em juízo** (ut, AgRg no HC n. 461.248/SP, Relator Ministro NEFI CORDEIRO, Sexta Turma, DJe 13/12/2018). Ainda nessa mesma linha: RHC n. 111.676/PB, desta Relatoria, DJe 30/8/201; e HC n. 477.012/SP, Rel. Ministro RIBEIRO DANTAS, Quinta Turma, DJe 13/8/2019. Incidência da Súmula n. 568/STJ.

Ante o exposto, com fundamento no art. 932, VIII, do CPC, c/c o art. 253, parágrafo único, II, "b", parte final do RISTJ, **conheço do agravo para negar provimento ao recurso especial**. Intimem-se.

(STJ - AREsp: 1662901 ES 2020/0034171-2, Relator: Ministro REYNALDO SOARES DA FONSECA, Data de Publicação: DJ 14/04/2020) (Brasil, 2020a, grifo nosso)

Com o devido respeito ao posicionamento do STJ, discordamos, uma vez que nos parece que o prejuízo é algo notório: se uma pessoa foi exposta para reconhecimento sem respeito às normas legais e, culpada ou não, foi reconhecida, isso ensejará todo o drama da vivência e as consequências de um processo criminal na vida de um ser humano.

Sem contar que a foto da pessoa investigada forma um "acervo de imagens" para a autoridade policial apresentar nos momentos dos reconhecimentos.

Nesse cenário, imagine que você, sendo preso e investigado por um delito, é denunciado, mas absolvido em decisão de primeiro grau. Retorna à sua casa, retoma sua vida e, depois de algum tempo, a polícia bate à sua porta em razão de um mandado de prisão expedido contra você. O que deu origem ao mandado de prisão foi um reconhecimento falso perante a autoridade policial, pois sua imagem ficou no arquivo da polícia (álbum de suspeitos), e foi usada durante outros atos de reconhecimentos, e em um deles você foi reconhecido como suposto autor de um delito.

Sobre o tema em questão, Matida e Nardelli (2020) citam o *Habeas Corpus* n. 619.327/RJ, em que a foto de uma mesma pessoa passou por oito reconhecimentos, uma vez que a imagem estava arquivada no álbum de suspeitos policial. As autoras demonstram o efeito "roleta-russa" do álbum de suspeitos, atual arquivo e meio de reconhecimentos em investigações:

> Até o momento do julgamento do HC 619.327/RJ, Tiago Vianna Gomes já colecionara nada menos do que oito reconhecimentos. **Oito**. O elevado número que, em princípio, poderia ensejar desconfiança contra Tiago serve, em realidade, para pôr em xeque o procedimento conhecido como "álbum de suspeitos". Isso porque não há qualquer controle sobre o momento exato em que uma imagem pode passar a constar no álbum; nem acerca da maneira que, em constando no álbum, é exibida às vítimas/testemunhas; tampouco a respeito de quando deva ser obrigatoriamente excluída do "baralho do crime".
>
> Nestas circunstâncias de patente arbitrariedade, ser novamente reconhecido transforma-se em questão de sorte/azar de alguém; uma verdadeira roleta russa. (Matida; Nardelli, 2020, grifo do original)

Casos como esse, nada raros, servem para demonstrar que a prova testemunhal – da qual o reconhecimento depende – é tão complexa e problemática como é o próprio ser humano. Os mais atualizados estudos apontam que, entre as variáveis capazes de confundir o registro da memória do fato estão, por exemplo, "a rápida duração do evento, o efeito da raça diferente (a vítima é branca; o agente do delito é negro), o efeito advindo do foco da vítima na arma e o estresse, para mencionar apenas alguns" (IDDD, 2020, p. 2).

O próprio processo penal já é uma pena em si. Ademais, o reconhecimento fotográfico é algo extremamente frágil para engajar um processo e uma porvindoura condenação. Ainda, há o fator importante da existência das falsas memórias, bem como a existência de outros sentidos humanos, tais como olfato, audição e tato, que são desprezados pela lei ordinária.

Falar nos outros sentidos não implica aludir a certezas no processo penal, mas sim em mais ferramentas colaborativas com o sistema de justiça criminal.

Aproveitamos para demonstrar a questão dos "sons alternantes" (Boas, 2004, p. 99), indicando que certos experimentos demonstraram que os sons não são percebidos pelo ouvinte da maneira como foram pronunciados. A investigação desse assunto tem assumido relevância para a investigação forense, da qual grande parte é fundada em provas testemunhais.

Nas lições de Franz Boas (2004, p. 98-99):

> Os experimentos a esse respeito têm sido feitos em geral com crianças, pois é relativamente fácil encontrar palavras que lhes sejam desconhecidas. Essas palavras são ditadas e as crianças tentam reproduzi-las por escrito. Então, as palavras grafadas erroneamente são estudadas. Recentemente, a pedido do professor G. Stanley Hall, Sara E. Wiltse fez um estudo muito interessante desse fenômeno, cujos resultados foram publicados no American Journal of Psychology, I, p. 702. Ela logo descobriu que as palavras longas, como *ultramarine*, *altruistic*, *frustate*, *ultiumatum* etc., geravam resultados insatisfatórios, pois as crianças deixavam de perceber a sequência dos

sons componentes. A seguir, a experiência foi feita com uma série de palavras monossilábicas, sugeridas pelo dr. Clarence J. Blake, o que deu resultados muito interessantes. Na palavra *fan*, por exemplo, o f foi compreendido uma vez como kl, uma vez como s, três vezes como th surdo, cinco vezes como th sonoro, sendo *fan* substituído pelas seguintes palavras: *clams*(1), *ram*(1), *fang*(1), *fell*(2), *fair*(4), *thank*(3), *than* (5). A palavra ditada não foi substituída por nenhuma combinação de sons sem sentido. Uma consulta à lista da srta. Wiltse mostra que isso raramente se dá. Os resultados desses experimentos são muito satisfatórios, apesar do caráter não fonético da ortografia inglesa. Eles mostram que os sons não são percebidos pelo ouvinte da maneira como foram pronunciados pelo falante.

Imagine se adentrarmos as searas das histórias ou estórias humanas contadas ou narradas de pessoa para pessoa: o famoso "telefone sem fio", momento em que histórias do "ouvi dizer" são distorcidas a ponto de gerarem outra narrativa completamente diferente da original.

Volvendo ao reconhecimento de pessoas no processo penal, parte da doutrina defende que "por força do princípio da busca da verdade e da liberdade das provas, tem-se admitido a utilização do reconhecimento fotográfico, observando-se, por analogia, o procedimento previsto no CPP [Código de Processo Penal] para o reconhecimento pessoal" (Lima, citado por MPPR, 2020, p. 6).

Discordamos, respeitosamente, desse entendimento. Falar em *verdade* no processo penal é tratar de um conceito inatingível de verdade histórica. Embora o tema *verdade* não seja o objetivo do presente trabalho, mencionaremos alguns posicionamentos doutrinários a fim de expor a tamanha complexidade que é a verdade no processo penal.

Grinover (2016, p. 13) expõe que o princípio da verdade real é um mito no processo penal, bem como que a tendência é a aproximação de uma verdade judicial: "uma verdade subtraída à exclusiva influência das partes pelos poderes instrutórios do juiz e uma verdade ética, constitucional e processualmente válida".

Para Aury Lopes Júnior (2016a, p. 69), a verdade é uma "ambição" no processo penal, ou seja, é um desejo desmedido pela verdade, no qual, em um sistema inquisitorial, tudo faz sentido em busca da "verdade", até torturar o outro ser humano. Ocorre que é vigente no Brasil o processo penal acusatório, e não o inquisitório, como defendem alguns autores, como Jacinto de Miranda Coutinho, Aury Lopes Júnior, entre outros.

No processo inquisitório, o qual é a antítese do processo acusatório, corrobora-se o mito da verdade real e estrutura-se um procedimento que dá ao juiz a gestão da prova, de modo que este atue ativamente na busca da prova, em nome de uma (pseudo) verdade (Fazzalari, citado por Lopes Júnior, 2016a).

Sobre os sistemas acusatórios e inquisitórios, assim leciona Aury Lopes Júnior (2016a, p. 389):

> No sistema acusatório, a verdade não é fundante (e não deve ser), pois a luta pela captura psíquica do juiz, pelo convencimento do julgador, e das partes, sem que ele tenha a missão

de revelar uma verdade. Logo, com muito mais facilidade o processo acusatório assume a sentença como ato de crença, de convencimento, a partir da atividade probatória das partes, dirigida ao juiz. Essa luta de discursos para convencer o juiz marca a diferença do acusatório com o processo inquisitório.

Já para o professor Eugênio Pacelli (2016, p. 91), a verdade é "essencialmente filosófica", sua verdade histórica é inalcançável, e o que existe no processo é a verdade processual.

Segundo Salah H. Khaled Junior (2013, p. 480), o "mito da verdade" implica mergulhar em um assunto que recai na grande e antiga polêmica no meio científico que se estende há décadas e não tem perspectiva de entendimento em razão de sua complexidade: "Que embora a obtenção de uma verdade correspondente em si mesma não passe de mera ilusão, trata-se de uma ilusão que exerce efeitos que, sem sombra de dúvida, são reais". É um dogma da verdade que continua se sustentando no ordenamento jurídico.

Nas palavras de Salah H. Khaled Junior (2013, p. 484-485):

> O mito da busca da verdade correspondente e, dessa forma, um elemento de conformação de um modelo processual penal inquisitório e autoritário, incompatível com um Estado Democrático de Direito, porém útil e a partir desse desumano utilitarismo tudo se justifica. Daí a persistência de boa parte da doutrina em garantir a sua sobrevivência, apesar da contradição que representa – ou talvez até por causa dela –, uma

vez que permanece legitimando o poder autoritário do Estado em um contexto democrático-constitucional que exige, ao contrário, a contenção do poder de tal Estado.

Ainda, defendemos a ideia de que, por força da garantia de não produzir prova contra si mesmo, o investigado tem o direito de não colaborar na produção da prova, por isso não é obrigado a participar da acareação em respeito a seus direitos e suas garantias individuais (Lima, 2020).

Nas lições de Lopes Júnior (2016a), o acusado pode ser recusar a participar do reconhecimento pessoal, ou seja, exercer seu direito ao silêncio e de não fazer prova contra si mesmo. O reconhecimento do imputado por fotografia é meio de "prova inadmissível" (Lopes Júnior, 2016a, p. 508).

O reconhecimento prévio por fotografia é capaz de induzir o posterior reconhecimento pessoal por meio do "efeito perseverança", conforme destacado por Schunemann (2005, p. 37-39), nas decisões judiciais, com base em estudos sobre as ciências sociais. Observe a figura a seguir.

**Figura 2.2** – Efeito perseverança (Schunemann)

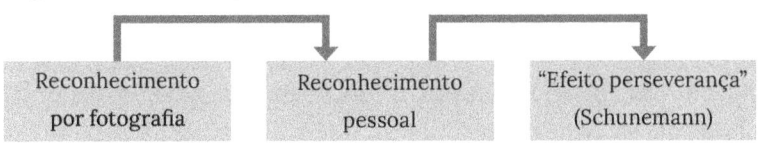

| Reconhecimento por fotografia | → | Reconhecimento pessoal | → | "Efeito perseverança" (Schunemann) |

Na figura, podemos observar o efeito perseverança (possibilidade) no ato de um reconhecimento pessoal durante a ação penal. Explicamos: um primeiro reconhecimento falso é realizado pela testemunha perante a autoridade policial apontando A como autor do crime. Essa mesma testemunha foi chamada para prestar depoimento judicial durante a ação penal, na audiência de instrução e julgamento, quando realiza novamente o reconhecimento e continua a afirmar que A é o suposto autor do crime, portanto, novo reconhecimento falso.

Ocorre que, de forma inconsciente, a testemunha faz o reconhecimento da ação penal de A porque o reconheceu na delegacia. É como se a memória dela dissesse o seguinte: "A foi o autor do crime, lembro-me dele na delegacia, logo, reconheço ele mais uma vez".

Perceba que, quando se trata de um reconhecimento falso, não raro, na Justiça Criminal, em razão do *deficit* instrumental eficiente acerca do instituto, a testemunha acredita de fato que esteja apontando o autor do crime, pois, por meio do efeito perseverança, ou seja, de sua memória já contaminada pelo primeiro ato de reconhecimento, ela inconscientemente tem de corroborar o que já foi mencionado por ela durante a investigação policial.

O chamado *efeito perseverança*, também apontado por Alexandre Morais da Rosa (2016), revela que o reconhecimento **prévio por fotografia induz a um posterior reconhecimento pessoal.**

Assim, faz-se o aporte dessa compreensão também para os casos de magistrados que, uma vez em contato com os elementos investigativos, podem buscar, ainda que inconscientemente, no processo penal, elementos para justificar a sua **já tomada** decisão do caso. É o caso de quando o magistrado parece figurar como parte no processo penal, e não como um juiz que apenas recebe os elementos de convicção elaborados e apresentados pelas partes, ou seja, ele também produz prova, o que é totalmente inaceitável em um processo penal essencialmente acusatório.

Sobre isso, Schunemann (citado por Pacelli, 2016, p. 89-90), a partir de metodologias próprias da psicologia social e da informação, em síntese, levou a cabo uma hipótese por ele já formulada anteriormente acerca de **pré-julgamentos** que frequentemente ocorriam no processo penal alemão, explicada, desde então, pelo que se convencionou denominar *teoria da dissociação cognitiva*.

> Dessas experiências se poderia extrair a presença (ou possibilidade de presença) de quatro efeitos visíveis: o da perseverança, o da *redundância*, o da *atenção* e o efeito *aliança*. Dito muito rapidamente tais efeitos significariam: a) **os juízes tenderiam a confirmar sua impressão inicial obtida no ato de recebimento da denúncia** (perseverança), **em razão de também tenderem a diminuir sua atenção em relação as informantes contrarias aquelas impressões iniciais, guiando-se pelo critério da** redundância, **isto é, dando preferência aquilo que lhe soava como repetição do material por ele armazenado (apreendido);** b) por outro lado, os juízes impedidos de inquirir as testemunhas em audiência tenderiam a perder significativamente a atento em relação as informações

ali produzidas. Por fim, c) o efeito *aliança* decorreria do fato da tendência de magistrado *aceitar* a credibilidade de competência funcional dos membros do Ministério Públicos, de modo a se limitarem a ratificar os oferecimentos de denúncia. (Schunemann, citado por Pacelli, 2016, p. 89-90, grifo nosso)

Para Schunemann (2005), os mecanismos de controle de procedimentos da investigação devem ser considerados frágeis no que diz respeito à sua eficiência, pois, quando são eivados de vícios ou problemas, devem ser corrigidos na instrução processual. No entanto, isso é uma **perspectiva muito estreita**, pela carência de estrutura essencialmente acusatória.

O referido problema é consequência, para Schunemann (2005, p. 37-39, tradução nossa, grifo nosso), de:

> uma série de investigações de ciências sociais sobre declarações testemunhais na sede da polícial, o depoimento de uma testemunha em um ato não é de forma alguma a mera reprodução do que permanece em sua memória (comparável à descrição dada por um fotografia), mas sim um produto da interação entre a testemunha e o oficial que toma a declaração, em que maciçamente as próprias hipóteses deste último é que direcionam o interrogatório. [...] Esta assimetria é gerada de forma precária ao longo do processo "como uma doença constante". A razão disso está no papel processual, por sua vez problemático, realizada pelo juiz alemão. Na verdade, ao contrário, por exemplo, do procedimento do júri americano, o juiz alemão não apenas produz por si só a evidência no julgamento

oral e, portanto, cumpre um papel inquisitivo,mas também faz isso com base e seguindo a direção dainstrução conforme a acusação, que serve como base para a ação. **Desde o início, ele confirmou a adequação das ações para fundar uma alta probabilidade de condenação.**

Dessa forma, Schunemann (2005) aponta o chamado *efeito de inércia ou perseverança*, ou seja, quando o juiz não valoriza de maneira estritamente neutra o processo, mas sim de forma **assimétrica,** no sentido da hipótese da acusação. É a confirmação da hipótese que é realizada de modo inconsciente pelo magistrado, uma vez que apresenta sua originalidade da cognição contaminada por um elemento investigativo que não sofreu o contraditório, principalmente no que diz respeito aos registros testemunhais.

Entretanto, embora haja a existência desses estudos científicos, existe doutrina que defende que, "em relação às provas que demandam apenas que o acusado tolere a sua realização, ou seja, aquelas que exijam uma cooperação meramente passiva [como o reconhecimento ou acareação], não se há falar em violação ao *nemo tenetur se detegere*" (Lima, 2020, p. 210). Assim, quando se trata de reconhecimento pessoal, ainda que o acusado não queira voluntariamente participar, admite-se sua execução coercitiva (Lima, 2020), o que ousamos discordar em razão da violação irreparável dos direitos de que ninguém é obrigado a produzir prova contra si mesmo, seja de forma passiva, seja de forma ativa.

O ponto é: o investigado está permitindo o reconhecimento ativa ou passivamente contra sua vontade, portanto, violando o princípio do *nemo tenetur se detegere*.

Alexandre Morais da Rosa (2016) aponta que o instituto de reconhecimento de pessoas é palco de graves distorções, em virtude da sensibilidade e da complexidade desse instituto, uma vez que o reconhecimento vem sendo feito por fotos. Ainda, existe a possibilidade de existência de falsas memórias naquele reconhecimento, assim como pode ocorrer a manipulação das garantias legais.

O art. 226 do Código de Processo Penal propõe que a pessoa que se pretende reconhecer seja colocada ao lado de outras pessoas que apresentem qualquer semelhança com ela – e ocorre aí um grande problema.

Os potenciais dos efeitos de condenações errôneas quando se usa o testemunho ocular como principal fundamento para a decisão condenatória são, na maioria das vezes, irreversíveis. A testemunha ocular é confiante em seu testemunho, mesmo que indique poucos detalhes perceptivos ou ofereça respostas conflitantes. As pessoas, algumas vezes, até pensam que se lembram das coisas simplesmente porque imaginaram ou pensaram sobre elas. Foi estimado que até 10 mil pessoas por ano podem ser condenadas erroneamente com base em um testemunho ocular equivocado. Portanto, em geral, as pessoas são, consideravelmente, suscetíveis a erros nos testemunhos oculares. Em geral, elas são propensas a imaginar que viram coisas que, de fato, não viram (Loftus; Ketcham, 1991; Loftus; Miller; Burns, 1987; Garry; Loftus, 1994; Cutler; Penrod, 1995; Loftus; Ketcham, 1991; todos citados por Sternberg, 2012).

Sternberg (2012, p. 213-214, grifo do original) leciona sobre a psicologia cognitiva no que diz respeito à possibilidade de realização do reconhecimento de pessoas em filas:

> A disposição em fileira de suspeitos pode levar a conclusões errôneas (Wells, 1993). Testemunhas oculares supõem que o responsável pelo crime esteja presente na fileira. No entanto, esse nem sempre é o caso. Quando o responsável por um crime não estava na fileira, os participantes eram suscetíveis a indicar alguém que não fosse o criminoso responsável. Deste modo, eles podem reconhecer **alguém** na fileira como aquele que cometeu o crime. As identidades dos não responsáveis na fileira também podem afetar os julgamentos (Wells, Luus, Windschitl 1994). Em outras palavras, o fato de uma determinada pessoa ser identificada como responsável por um crime pode ser influenciado simplesmente por quem são as outras pessoas na fileira de suspeitos. Portanto, a escolha de indivíduos sem relação como delito é importante. A polícia pode afetar, inadvertidamente, a possibilidade de uma identificação ocorrer ou não, e também se uma identificação falsa é provável de acontecer. O reconhecimento por testemunho ocular é, particularmente, ineficaz ao se identificar pessoas de uma raça distinta daquela da testemunha (por exemplo, Bothwell, Brigham, Malpass,1989; Brigham, Malpass, 1985; Pezdek, Blandon-Gitlin, Moore, 2003; Shapiro, Penrod,1986). As provas sugerem que isso não é um resultado

de problemas de rememoração de faces de pessoas de outras raças, mas, preferencialmente, da codificação dessas faces (Walker, Tanaka, 2003). Mesmo crianças pequenas parecem ser influenciadas por informações pós-evento em experimentos, conforme demonstrado por seu comportamento em experiências de condicionamento operante (Rovee-Collier et al, 1993). A identificação e a recordação de testemunhas oculares também são afetadas pelo nível de estresse das testemunhas. A medida que o estresse aumenta, a precisão da recordação e da identificação diminui (Deffenbacher et al, 2004; Payne et al, 2002). Essas constatações colocam mais em dúvida a precisão do testemunho ocular, porque a maior parte dos crimes ocorre em situações altamente estressantes.

Grande repercussão teve um experimento teste realizado para verificar a confiabilidade do procedimento de reconhecimento de pessoas em 2019. O programa *Fantástico* criou uma encenação da ocorrência do crime de furto de um *notebook*, durante uma aula de graduação em Direito com a presença de muitos alunos, e perguntou a quem estava presente se eles conseguiriam identificar, com 100% de certeza, o autor do crime. No grupo de alunos que seguiram as normas brasileiras de reconhecimento de pessoas, 76% erraram ao apontar o suposto autor do crime (Experimento..., 2019).

Em outras palavras, o fato de determinada pessoa ser identificada como responsável por um crime pode ser influenciado simplesmente por quem são as outras pessoas na fileira de suspeitos.

Portanto, a escolha de indivíduos fora do contexto do delito é de suma importância. Conforme já destacado, a polícia investigativa pode afetar a possibilidade de uma identificação ocorrer ou não, e se uma identificação falsa tem probabilidade de acontecer (Sternberg, 2012).

Por fim, evidenciamos a complexidade que é o reconhecimento de pessoas, o qual é um meio de prova muito polêmico e está ligado, na maioria das vezes, umbilicalmente com a prova testemunhal, em razão de sua influência e de resultados negativos para processo penal brasileiro, implicando diretamente violações de direitos e garantias fundamentais do indivíduo. Assim, defendemos que, quando as formalidades processuais são respeitadas, obtém-se a credibilidade do instrumento probatório, no entanto, se isso não ocorre, o instrumento probatório se torna eivado de nulidades em relação a garantias e direitos fundamentais do indivíduo, bem como aos princípios norteadores do processo penal. Além disso, defendemos que o atual procedimento de reconhecimentos de pessoas no Brasil precisa ser urgentemente revisto.

— 2.3 —
## Prova penal e as falsas memórias

Primeiramente, para iniciar o tema, vejamos o caso Jennifer Thompson, apresentado por Rosa (2016, p. 432-433):

Por volta das três da madrugada teve a casa invadida e foi estuprada com uma faca no pescoço, tendo a vítima se focado no rosto do agressor para identificá-lo posteriormente, caso sobrevivesse. Saindo correndo pela porta conseguiu se livrar do estuprador e foi ao hospital, bem assim à polícia, elaborando um retrato falado. No dia seguinte Ronald Cotton, que tinha ficha policial (por invasão e agressão sexual) foi localizado, reconhecido por foto e depois pessoalmente. Em julgamento o reconhecimento foi confirmado, Cotton foi condenado ao cumprimento de prisão perpétua e mais cinquenta anos. Já na prisão, Cotton conheceu um homem parecido com sua descrição chamado Bobby Pool, também condenado por estupro e invasão. Ciente de sua inocência, Cotton pediu um novo reconhecimento, também na presença de Pool, tendo **Jennifer, com a falsa memória fixada, novamente, afirmado ser Cotton o autor da agressão.** Após Cotton estar sete anos preso, com os avanços do exame de DNA, foram feitos exames e se verificou que o verdadeiro autor do crime era Pool.

Desde logo, e considerando o exemplo da citação anterior, é possível perceber que o reconhecimento pessoal depende da memória da vítima ou do testemunho do fato.

No caso em questão, mesmo com o acusado tendo requerido novo reconhecimento do verdadeiro autor do crime de estupro, a vítima tornou a reconhecer erroneamente, porém, certa da lembrança com base na memória, o mesmo suposto autor (aqui percebemos o efeito perseverança, mencionado no tópico anterior).

Se não fosse possível a realização do exame de DNA e se Cotton não tivesse conhecido Pol na prisão, sua sorte seria completamente diferente: morreria na condição de culpado para a sociedade, mas inocente em sua consciência.

É possível observar, portanto, que a maioria dos casos de injustiças criminais "morrem" discretamente aos olhos sociais, pois nem sempre os acusados conseguem provar sua inocência, apesar de não ser essa sua função, uma vez que compete ao órgão acusador não deixar dúvidas acerca da autoria e da materialidade de um crime. Assim, caso ainda restem dúvidas, deve-se, ou se deveria, aplicar, automaticamente, o princípio *in dubio pro reo*.

Segundo Lopes Júnior (2016a, p. 514), existem duas formas de reconhecimento pessoal: (1) simultânea; (2) sequencial. A forma **simultânea** implica dizer que "todos os membros são mostrados ao mesmo tempo". É a forma adotada pelo Código de Processo Penal, sendo mais "sugestiva e perigosa". A forma **sequencial** implica dizer que "os suspeitos são apresentados um de cada vez". É a mais segura, conforme aponta a psicologia judicial.

A psicologia aponta o reconhecimento sequencial como mais seguro e confiável, uma vez que reduz o nível de indução (Di Gesu, 2019).

A indução é algo muito perigoso no ato do reconhecimento ou na versão apontada pela testemunha. Observamos que, quando um policial pede para que a vítima aponte o culpado entre aquelas imagens de pessoas na delegacia (álbum de suspeitos), ele acaba induzindo a testemunha a achar uma resposta no limite do que é apresentado ela, pois, a partir do requerimento da testemunha, o policial já deixa expresso que o culpado está entre aquelas imagens como algo certo e inquestionável.

Assim, a vítima, não por má-fé, sente-se mais confortável em apontar o suposto culpado e, uma vez feito isso, por meio do **efeito perseverança**, apresenta uma grave tendência em corroborar seu reconhecimento perante o juízo.

É certo que o processo penal tem como fim a atividade (re) cognitiva do fato (Di Gesu, 2019), mas essa busca deve ser limitada nos princípios constitucionais penais e nas regras do ordenamento jurídico. Por exemplo, o art. 266 do Código de Processo Penal ser tratado como mera orientação/recomendação, uma vez que, se for violado, não gera nulidade, é algo que, a longo prazo, está sendo muito caro à sociedade, mesmo ela ainda não se dando conta, pois um "preso injustamente" nem de longe se compara a um "culpado em liberdade".

Beltrán (citado por Teles, 2020, p. 124) assevera que a definição do *standard* probatório versa sobre uma decisão mais política de uma sociedade, pois, quanto mais se exige do padrão de condenação, menor será a possibilidade de falsas condenações e maior a de falsas absolvições. Desse modo, Lara Teles (2020, p. 124) questiona que se "resta saber até que ponto a sociedade está disposta a admitir absolvições errôneas para evitar uma condenação falsa".

No Velho Testamento da Bíblia, Abraão pede a Deus que poupe a cidade de Sodoma da destruição para que os justos não paguem pelos ímpios, e logo percebemos a diretriz antiga de manifestações contra a punição de inocentes:

> 22 Neste ponto, os homens viraram-se ali e seguiram caminho para Sadoma; mas, quando a Jeová, ainda estava parado diante de Abraão. 23 Abraão aproximou-se então e começou a dizer: "arrasarás realmente o justo junto com o iníquo? 24 suponhamos que haja cinquenta homens justos no meio da cidade. Arrasá-los-á então e não perdoarás ao lugar por causa dos cinquenta justos que há nele? 25 É inconcebível a teu respeito que atues desta maneira para entregar a morte o justo com o iníquo, de modo que se dê com o justo o que se dá com o iniquo! É inconcebível a teu respeito. Não fará o Juiz de toda a terra o que é direito? 26 Jeová disse então: "Se eu achar em Sadoma cinquenta homens justos no meio da cidade, hei de perdoar ao lugar inteiro por causa deles." 27 Mas Abraão prosseguiu, respondendo e dizendo: "Por favor, eis que me dispus a falar a Jeová, sendo eu pó e cinzas. 28 Suponhamos que faltem cinco para os cinquenta justos. Arruinarás a cidade inteira por causa dos cinco? A isso ele disse: "Não a arruinarei se achar ali quarenta a cinco. (Bíblia. Gênesis, 1985, 18: 22-33, citado por Teles, 2020, p. 125)

Nesse sentido, qual erro é **mais** suportável socialmente: A absolvição de um culpado ou a condenação de um inocente? (Abellán, citado por Teles, 2020).

Diante do sistema atual de justiça criminal que atende diariamente ao "clamor social" ou ao "risco de ordem pública" (conceitos indefinidos e obsoletos em prol de uma suposta ordem democrática), parece-nos que mais vale a superação do erro de condenar um inocente do que absolver um culpado.

Infelizmente, e como afirma Marcelo Guerra (citado por Teles, 2020), a variação do *standard* probatório fica extremamente suscetível aos rumos da política e das sensações e necessidades momentâneas da sociedade.

No sentido de demonstrar a grande dificuldade de manter a observância das regras técnicas na produção de prova no que tange aos reconhecimentos judiciais, Alexandre Morais da Rosa (2016, p. 433) leciona que "o dilema [que] se coloca é que diante da inobservância de regra técnica e de garantia na produção de reconhecimentos judiciais, tanto não se pode afirmar a veracidade, como a inverdade, dado que as condições dissonantes afetam a qualidade da prova".

Ponderando em prova, há de se mencionar a possibilidade de se incutir falsas memórias nos depoimentos de vítima ou testemunha. O tema *psicologia do testemunho*, embora muito estudado, é pouco efetivo no Brasil, uma vez que basta observarmos o pouco que orienta a legislação ordinária sobre o assunto.

Mas, falando em memórias, o que são elas?

Segundo Sternberg (citado por Rosa, 2016), a memória é o meio pelo qual codificamos, armazenamos e recuperamos experiências e informações passadas para o uso delas no presente.

Dessa forma, Alexandre Morais da Rosa (2016) aponta que a memória depende da percepção e do que já se tem armazenado no campo cognitivo, tal qual um mapa mental. Afirma, ainda, que a memória é limitada e sugestionável, uma vez que é sujeita ao contexto biológico e ambiental. A percepção da pessoa, que pode sofrer um processo seletivo de sensações, dependerá da capacidade e da disponibilidade de armazenamento, razão pela qual pode sofrer distorções narrativas entre os eventos sofridos, bem como a inserção de novos dados. Nesse sentido, o mesmo autor sustenta:

> As distorções da memória, principalmente em face do preenchimento de informações posteriores, como acontece com uma testemunha que depois toma conhecimento de mais detalhes do evento e é capaz de inseri-los, como se tivesse visto, em tempo real, sem muitas vezes sequer se dar conta. Não se trata de "mentira deliberada", mas uma armadilha da cognição humana. Por isso a importância de se reconhecer a hipótese de incidência de "falsas memórias". (Rosa, 2016, p. 101)

A cena de um condenado, muitas vezes pela palavra de outro cidadão, ocorre há centenas de anos. É possível observar isso até em diversos documentários, nas mais distintas populações mundiais: o quanto a palavra de um ser humano influencia a "justiça" naquela comunidade.

Embora os psicólogos suspeitem por décadas do fato de que uma testemunha ocular não pode ser 100% confiável, novos estudos e pesquisas não deixam dúvidas de que a justiça superestima os relatos de testemunhas oculares, o que é um problema ainda não enfrentado, efetivamente, pelo sistema jurídico.

Elizabeth Loftus (1981) defende psicologicamente a testemunha ocular, porém não se engana com a ilusão de que é algo infalível, talvez como o sistema de justiça o faça. Ela começa apontando a falibilidade de uma testemunha ocular a partir de condições físicas e psicológicas às quais aquela testemunha foi exposta, bem como de preconceitos e estereótipos pessoais. Tudo que é intrínseco àquele ser humano que está na condição de testemunha de um fato pode intervir em suas memórias e em seus relatos.

Loftus (1981) demonstra, com base em experimentos, que a memória pode ser radicalmente alterada pela maneira como uma testemunha ocular é questionada após o fato – é aí que podem entrar as novas memórias, e as antigas são inconscientemente alteradas durante o interrogatório.

Cristina Di Gesu (2019, p. 127) destaca que, desde o início do século XX, com Binet em 1900, na França, e com Stern em 1910, na Alemanha, há registros dos estudos sobre a falsificação da memória.

Os primeiros estudos registrados sobre o tema ora destacado foram feitos com crianças, demonstrando a ilusão ou falsificação das lembranças. Em 1932, com Bartlett, na Inglaterra, há registros de estudos com adultos. Para esse autor, a recordação estava conectada à ideia de "processo reconstrutivo", "que hoje está superado, pois se trabalha com a memória a partir de uma representação aproximativa" (Di Gesu, 2019, p. 127).

Elizabeth Loftus se destaca na década de 1970 com a introdução de uma nova técnica para o estudo das falsas memórias, consistente na sugestão da falsa informação, o que ela denominou de *procedimento de sugestão de falsa informação ou sugestão*. Trata-se da inserção de uma informação não verdadeira em meio a uma experiência vivenciada ou não, o que produz um efeito de "falsa informação", mas o indivíduo acredita verdadeiramente ter vivenciado aquela experiência falsa (Loftus, citado por Di Gesu, 2019).

A própria Elizabeth Loftus foi vítima de uma falsa memória muito marcante em sua vida, talvez a origem de sua inquietude com o tema, o que fez com que ela se tornasse grande referência mundial quando se trata do tema ora em questão.

Quando ela era uma jovem, aos 14 anos, perdeu sua mãe afogada na piscina de casa. Já quando adulta, seu tio comenta em uma reunião familiar que a jovem foi a primeira a encontrar a mãe morta na piscina. A partir desse momento, "ela passa a lembrar vividamente a impactante cena que teria presenciado. Alguns dias depois, ela recebe um telefonema do irmão, desculpando-se pelo tio, informando que ele havia se confundido e que na realidade quem encontrou a mãe na piscina fora sua tia" (Neufeld; Brust; Stein, 2010, p. 21).

Elisabeth Loftus, durante uma entrevista à revista *Psychology Today*, menciona que "a ideia mais assustadora e que aquilo em que nós acreditamos com todo nosso coração pode não ser necessariamente a verdade" (Neufeld; Brust; Stein, 2010, p. 21).

Falar em falsa memória não implica aludir a uma patologia humana, mas sim a uma memória saudável. Todo ser humano está suscetível à inserção de novos fatos alteradores de sua memória, ou simples alteração dos fatos originais de sua memória no cotidiano. Mas é claro que isso não pode ser banalizado nem generalizado.

Falsas memórias existem, e a ciência está aí para demonstrar a suma importância desse tema, principalmente para os sistemas jurídicos, no entanto, ele não pode ser confundido com mentiras ou manipulações das versões fáticas. Essa é a razão pela qual se enaltece a importância do tema em questão, especialmente para verificar, no caso em tela, quando existem falsas memórias em depoimentos e partes do processo ou não.

Por meio da psicologia experimental, há muito tempo se realiza a verificação de depoimentos não verdadeiros, por exemplo, com a psicologia do testemunho.

**Nesse sentido, Alexandre Morais da Rosa (2016, p. 101) aponta que técnicas de entrevista cognitiva têm sido utilizadas com sucesso no Reino Unido, e tais conhecimentos auxiliam na construção do que temos hoje como "depoimento pessoal" da criança em situações possíveis de abuso sexual, demonstrando a impossibilidade de "suplantar garantias em nome de novas técnicas".**

A entrevista cognitiva se utiliza de conhecimentos científicos sobre a memória para obter depoimentos mais precisos (Feix; Pergher, 2010).

Entretanto, como bem aponta Rosa (2016), também tudo depende daquele que faz as perguntas, ou melhor, daquele que conduz o ato processual, por exemplo, como as partes no processo realizam a inquirição das testemunhas, principalmente o juiz, que já de início da audiência alerta a testemunha sobre o crime de falso testemunho, e assim por diante; uma situação totalmente hostil por natureza, agravada pelo modo com que as partes conduzem o ato: "Isso nos leva a um paradoxo: por um lado, entrevistas cognitivas podem melhorar a qualidade da informação, promovendo liberdade e, por outro, dependendo da forma como sejam conduzidas, violar garantias" (Rosa, 2016, p. 102).

Podemos observar a seguir as dez falhas mais comuns dos profissionais do direito quando estão na função de entrevistadores:

1. Não explicar o propósito da entrevista;
2. Não explicar as regras básicas da sistemática da entrevista;
3. Não estabelecer *rapport*[1];
4. Não solicitar o relato livre;
5. Basear-se em perguntas fechadas e não fazer perguntas abertas;
6. Fazer perguntas sugestivas / confirmatórias;
7. Não acompanhar o que a testemunha recém disse;
8. Não permitir pausas;
9. Interromper a testemunha quando ela está falando;
10. Não fazer o fechamento da entrevista.
(Feix; Pergher, 2010, p. 211)

---

1   *Rapport* é a criação de uma conexão de empatia com outra pessoa.

Sobre esse tema, Rosa (2016, p. 102) destaca o art. 212 do Código de Processo Penal, o qual veda perguntas indutivas, e isso auxilia as partes do processo a atuar ativamente no sentido de evitar os questionamentos fechados.

Exemplos de **perguntas fechadas**:

- Qual é a cor azul do carro?
- Que tipo de blusa de lã o acusado estava vestindo?
- Você foi à festa de carro ou de bicicleta?

Exemplos de **perguntas abertas**:

- Qual é a cor do carro?
- Que roupa o acusado estava vestindo? (Se é certo que o acusado estava vestindo roupas)
- Como você foi à festa?

Perguntas fechadas são aquelas em que o entrevistador já oferece as possibilidades de resposta na própria indagação, como vimos nos exemplos anteriores. Já as perguntas abertas são aquelas que não oferecem possibilidades de respostas ao entrevistado na indagação; são perguntas que estão menos sujeitas a ter como consequência a criação de falsas memórias no entrevistado. Logo, são mais seguras para o sistema jurídico.

Seriam essas sugestionabilidades das perguntas fechadas que auxiliam na criação de falsas memorias àquele que está a relatar algum fato no processo ou perante a autoridade policial, somado a todo fator de estresse, emocional, psíquico etc., da ocasião em si.

O protagonismo da prova testemunhal no sistema jurídico deve ser algo evitado ao máximo pelos profissionais do direito, portanto, reconhecemos sua importância e necessidade, mas não como algo certo e infalível, por mais convincente que possa parecer. É preciso ter muita cautela.

**Nesse sentido, segundo Neufeld, Brust e Stein (2010, p. 21)**, "As falsas memórias podem parecer muito brilhantes, contendo mais detalhes, ou até mesmo mais vívidas do que as memórias verdadeiras". Os autores ainda esclarecem que "as FM são fruto do funcionamento normal, não patológico, de nossa memória" (Neufeld; Brust; Stein, 2010, p. 22).

Salvador Dali, ao comentar sua obra A *persistência da memória*, de 1931, em seu livro *Secret Life*, menciona que "A diferença entre as falsas memórias e as verdadeiras é a mesma das joias: são sempre as falsas que parecem ser as mais reais, as mais brilhantes" (Neufeld; Brust; Stein, 2010, p. 21).

Com base na existência das falsas memórias na produção da prova penal, o sistema jurídico precisa suplantar a visão de que alguém é capaz de absorver "toda" a realidade de um acontecimento e depois reproduzir o mesmo acontecimento de forma fiel aos fatos em um depoimento judicial (Rosa, 2016).

Assim, para os profissionais do direito não incorrerem em atrocidades jurídicas, com o fundamento de que estariam em busca da "verdade", sendo permitido, portanto, um "vale-tudo" de informações no processo, é extremamente importante o aprofundamento e a valoração do tema em questão.

É preciso superar o maniqueísmo ou dualismo da verdade/mentira, pois existem as distorções cognitivas, e a ciência já comprova isso. Assim, as falsas memórias, a partir das quais o sujeito acredita, de forma cabal, estar dizendo a verdade, ou seja, a "sua verdade", sempre contêm algo de falso (Rosa, 2016).

— 2.4 —
## Teorias explicativas das falsas memórias

Para melhor compreender as falsas memórias, é necessário estudar os três modelos teóricos responsáveis por elas, ou seja, as três teorias explicativas das falsas memórias: (1) a teoria do paradigma construtivista; (2) a teoria do monitoramento da fonte; (3) a teoria do traço difuso.

Antes de iniciar o estudo das teorias explicativas das falsas memórias, é importante mencionarmos a existência dos mecanismos de ativação nas falsas memórias, quais sejam:

> processos através dos quais um estímulo é ativado em consequência da apresentação de um outro estímulo que possui com ele alguma associação. Essa ativação pode resultar na sua recordação ou reconhecimento posterior pelos participantes de um experimento, como se de um estímulo apresentado se tratasse (Gallo, 2010). À luz das teorias que a seguir apresentaremos, a ativação da representação mental de um conceito é uma condição tida como necessária para que surja uma falsa memória. (Oliveira; Albuquerque, 2015, p. 557)

— 2.4.1 —
## Teoria do paradigma construtivista

A teoria do paradigma construtivista idealiza a memória como um sistema unitário, que vai sendo construído a partir da interpretação feita sobre os eventos (Neufeld; Brust; Stein, 2010, p. 27).

Sobre a teoria do paradigma construtivista, Di Gesu (2019, p. 138) assim leciona:

> a memória resultante de um processo de construção seria aquilo que as pessoas entendem sobre a experiência, seu significado e não a experiência propriamente dita (Bransford e

Franks, 1971). Segundo esse paradigma, a memória é construtiva: cada nova informação é compreendida e reescrita (ou reconstruída) com base em experiências prévias.

Dessa forma, com base teoria construtivista, é possível compreender Que a memória age como um sistema unitário, ou seja, na construção de uma única memória. Essa compreensão é justamente o que Cristina Di Gesu (2019, p. 138) critica, pois afirma que essa teoria reside "no fato de que somente uma memória é construída sobre determinada experiência, portanto se perdem as informações literais durante o processo de interpretação".

Dessa forma, concordamos com o posicionamento de Cistina Di Gesu, uma vez que não é possível, com fundamento nos estudos aqui mencionados, a formação de uma única memória construída em apenas significados, pois as informações adjacentes ficam perdidas no processo de interpretação do fato, ou seja, de compreensão da experiência em si.

Diante da **fragilidade explicativa** (Neufeld; Brust; Stein, 2010) da presente teoria, surgiram outras teorias na tentativa de esclarecer as falsas memórias: a teoria do monitoramento da fonte e a teoria do traço difuso, as quais veremos a seguir.

— 2.4.2 —
## Teoria do monitoramento da fonte

Nos anos 1970 e seguintes, Mareia Johnson e alguns colegas iniciaram pesquisas sobre a confiabilidade da memória para estímulos advindos de diferentes fontes sensoriais (por exemplo, visual, auditiva, gustativa). A finalidade dessas pesquisas "era estudar a influência da fonte de uma informação na probabilidade de recuperação da memória acerca dessa informação", servindo de base para o desenvolvimento da teoria do monitoramento da fonte (Neufeld; Brust; Stein, 2010, p. 32).

Para essa teoria, fonte refere-se ao local, à pessoa ou à situação de onde uma informação foi recebida. Conforme Neufeld, Brust e Stein (2010, p. 27), segundo "a Teoria do Monitoramento da Fonte, distinguir a fonte de uma informação implica processos de monitoramento da realidade vivenciada". Assim, de acordo com tal teoria, as falsas memórias decorrem dos erros no monitoramento "ou quando são realizadas atribuições equivocadas de fontes que podem ser resultado da interferência de pensamentos, imagens ou sentimentos que são erroneamente atribuídos a experiencia original" (Neufeld, Brust e Stein, 2010, p. 27).

Di Gesu (2019, p. 139) aponta que, nessa teoria, "as falhas da lembrança decorrem de um julgamento equivocado da fonte de informação lembrada."

Para melhor compreensão da presente teoria, um exemplo de falsas memórias provocadas por erro de monitoramento da fonte é o caso, corriqueiro, de um motorista de aplicativo que sofre um assalto. No exemplo em questão, o motorista foi vítima do crime de roubo majorado – art. 157, parágrafo 3º, inciso I, do Código Penal, Decreto-Lei n. 2.848, de 7 de dezembro de 1940 (Brasil, 1940), uma vez que sofreu lesões corporais graves em razão do assalto.

O motorista, ferido, é levado para o hospital, momento em que a polícia científica vai até ele para colher seu depoimento e demais informações. No hospital, logo após o crime, são mostradas ao motorista três imagens de pessoas suspeitas. Contudo, o motorista não reconhece nenhum dos suspeitos como autores do crime em questão. Quando recebe alta do hospital e vai à delegacia para tentar novamente o reconhecimento dos autores do crime, ele identifica os três indivíduos apresentados para ele pela polícia científica. Na instrução processual, perante o magistrado, a vítima torna a reconhecer os mesmos suspeitos como autores do crime. Os suspeitos foram presos e condenados pelo crime de roubo em virtude desse reconhecimento.

Devemos observar que os homens "suspeitos" do segundo reconhecimento realizado na delegacia eram os mesmos do primeiro reconhecimento realizado no hospital – e, após um período, eles conseguem provar inocência, uma vez que a polícia encontrou os verdadeiros assaltantes em decorrência de outro crime de roubo com o mesmo modo de agir do caso do motorista em questão.

Dessa forma, notamos a diferenciação entre a fonte verdadeira da memória recuperada de outras fontes, ou seja, o que deu origem à memória do reconhecimento (falsa) foi uma primeira imagem dos suspeitos apresentada no hospital, logo após os fatos (momento elevadíssimo de estresse da vítima), pois, no segundo e no terceiro reconhecimentos, o motorista "falha" em monitorar suas fontes de memória e, portanto, passa a lembrar exclusivamente dos homens apresentados nas imagens pela polícia como os autores do crime por ele sofrido. É como se o motorista armazenasse como memória verdadeira eventos não vividos por ele, uma vez que passa a se lembrar dos homens nas fotos como autores do delito – esse processo da memória acontece de forma inconsciente.

O processo das falsas memórias, na teoria do monitoramento da fonte, ocorre em virtude de o indivíduo estar submetido a várias tarefas. No exemplo em questão, o motorista do aplicativo, enquanto era assaltado, provavelmente estava atento à direção e às normas de trânsito, cuidando para não fazer nenhum movimento brusco, atendendo às vozes dos assaltantes, e assim por diante.

Era uma situação de bifurcações de atenções que pode prejudicar a fonte de memória no que diz respeito ao reconhecimento facial quando o motorista foi questionado, somada à situação de estresse e a momentos hostis dentro de uma delegacia e na audiência de instrução e julgamento. Portanto, nesse universo das falsas memórias e consoante a teoria em questão, tais situações contribuem de tal modo que qualquer pensamento, imagem, som, cheiro ou sugestão de falsa informação que venha à mente do indivíduo pode ser atribuída a uma fonte equivocada (como no exemplo: suspeitos da foto que foram erroneamente reconhecidos, processados e julgados como possíveis autores do delito, mas, posteriormente, comprovaram inocência).

É importante mencionar que essa teoria sofre críticas por parte da doutrina, em razão de ser fundada em resultados de pesquisa sobre falsas memórias "que não podem ser explicadas pelos pressupostos descritos" neste livro (Neufeld; Brust; Stein, 2010, p. 32).

A primeira e principal crítica está fundamentada na "decisão a respeito da fonte de origem de uma determinada informação que é lembrada pela pessoa, ou seja, o monitoramento da fonte seria um processo de julgamento que envolve a avaliação de características da informação e não uma distorção da memória" (Brainerd; Reyna, 2005, citados por Neufeld; Brust; Stein, 2010, p. 32).

"Outra crítica está relacionada a concepção da memória como dependente da fonte, já que respostas a respeito da fonte real ou imaginaria da informação estão associadas a um único julgamento de memória" (Neufeld; Brust; Stein, 2010, p. 32).

Assim, a teoria do traço difuso, sobre a qual veremos a seguir, busca resolver parte dos problemas apontados nas outras duas teorias de que tratamos anteriormente.

— 2.4.3 —
## Teoria do traço difuso

Para a teoria do traço difuso, a memória é explicada, conforme Di Gesu (2019, p. 138), "a partir de um sistema de múltiplos traços e não de um sistema unitário [...]. Tem como premissa para a base do raciocínio o intuitivo, e não delimitado especificamente, o não lógico". Ainda de acordo com Di Gesu (2019, p. 138), "as pessoas preferem a simplificação de trabalhar com o que é essencial da experiência, o significado por trás do fato, em vez de processar informações específicas e detalhadas".

Trabalhar com essa teoria é o mesmo que adotar o raciocínio intuitivo vivenciado pelos agentes; praticamente a experiência do fato vivido: "o significado por trás do fato" (Di Gesu, 2019, p. 139).

Oliveira e Albuquerque (2015, p. 558) defendem a teoria do traço difuso:

> Argumentam que a força associativa reversa não é mais do que uma covariável que mascara a importância que as relações semânticas entre as palavras apresentadas e o distrator crítico têm neste processo. De fato, vários estudos vieram demonstrar o elevado componente semântico das associações entre as palavras das listas usadas em tarefas DRM e os respectivos distratores críticos (Brainerd et al., 2008; Cann et al., 2010). Outros estudos (Stein & Gomes, 2009; Stein et al., 2006) atestam a existência de uma correlação positiva entre a força associativa e outras variáveis que favorecem a memória, como a concretude das palavras que compõem as listas (Fliessbach, Weis, Klaver, Elger, & Weber, 2006), e ressaltam a importância de controlar possíveis covariáveis no momento de selecionar as listas para os experimentos, de modo a evitar que os efeitos observados possam ser contaminados por essas mesmas covariáveis.

Segundo a teoria do traço difuso, existe uma distinção da memória em diferentes sistemas: primeiro, a memória de essência, isto é, aquela entendida como o registro da compreensão do significado da experiência, por exemplo, a pessoa lembra quem bebeu uma cerveja, e a memória literal, ou seja, os detalhes específicos sobre o evento, por exemplo, a pessoa lembra quem bebeu uma cerveja da marca Heineken, sendo as primeiras memórias mais estáveis ao longo do tempo. (Di Gesu, 2019)

Trata-se de uma teoria mais complexa, uma vez que considera o registro da memória da experiência, bem como os detalhes da experiência vivida pelo agente. Mas isso não isenta essa teoria de críticas por parte da doutrina.

Cristina Di Gesu (2019) aponta que a teoria do traço difuso sofre críticas por não explicar os erros de julgamento da fonte de experiências diferentes, bem como por dividir a memória em traços, visto que há "estudos em que há recuperação de detalhes perceptuais duradouros, fato esse que vai de encontro ao princípio da durabilidade dos traços literais, e de falsas recordações baseadas em aspectos semânticos e perpetuamente vívidos, fato que vai de encontro com o caráter difuso da teoria" (Neufeld; Brust; Stein, 2010, p. 37).

Para Cristina Di Gesu (2019), é essa a teoria que melhor explica o fenômeno das falsas memórias. Além disso, a autora adverte que o processo de formação de falsas memórias é um fenômeno existente no cotidiano, o qual se baseia no funcionamento saudável da memória, mas não pretende sugerir ou afirmar que todas as memórias trazidas pelas narrativas fáticas ao processo são falsas, muito pelo contrário, procura identificar a problemática para então trabalhar com ela de forma mais segura no sistema jurídico.

Assim, o que defendemos nesta obra não é acabar com o depoimento testemunhal como se todos eles fossem viciados por falsas memórias, mas uma coisa é necessária: é preciso aceitar que as falsas memórias são reais e não podem ser banalizadas, sendo necessário aprender a trabalhar com elas, principalmente em razão da existência dos fatores de contaminação da prova oral – o transcurso do tempo; o hábito e a rotina; a linguagem e o método entrevistador; a mídia; o subjetivismo do julgador (Di Gesu, 2019).

Para ilustrar as teorias explanadas neste item, apresentamos o quadro a seguir.

**Quadro 2.1** – Comparação entre as principais teorias explicativas das falsas memórias

| Teorias | Pressupostos teóricos | Limitações |
|---|---|---|
| Construtivista | ■ Há um único sistema de memória<br>■ Memória é construída com base no significado<br>■ FM [falsas memórias] são frutos do processo de interpretação da informação | ■ Somente uma memória é construída sobre a experiência<br>■ Informações literais são perdidas no processo de interpretação da informação |

(continua)

(Quadro 2.1 – conclusão)

| Teorias | Pressupostos teóricos | Limitações |
|---|---|---|
| Monitoramento da fonte | ■ FM são atribuições errôneas da fonte de informação lembrada por erro de julgamento e não fruto de uma distorção da memória | ■ É uma teoria de julgamento e toada de decisão sobre a fonte da memória recuperada<br>■ FM somente para informações sobre a fonte |
| Teoria do Traço Difuso | ■ Modelo dos Múltiplos Traços<br>■ Mais de um sistema de memória<br>■ Memórias literal e de essência armazenadas em traços independentes e em paralelo | ■ Teoria mais complexa<br>■ Não explica os erros de julgamento da fonte de experiências diferentes |

Fonte: Neulfeld; Brust; Stein, 2010, p. 27.

Destacamos a jurisprudência acerca do reconhecimento das falsas memórias nos atos judiciais. O primeiro julgado trata da aplicação do princípio do *in dubio pro reo* em virtude da possibilidade de ocorrência das falsas memórias:

> PENAL E PROCESSO PENAL. APELAÇÃO CRIME. HOMICÍDIO CULPOSO NA DIREÇÃO DE VEÍCULO AUTOMOTOR. ARTIGO 302, § 1º, INCISO IV, DO CÓDIGO DE TRÂNSITO BRASILEIRO. PRETENSÃO DE ABSOLVIÇÃO. CABIMENTO. **CULPABILIDADE NÃO EVIDENCIADA DE MANEIRA SEGURA NO CONTEXTO FÁTICO-PROBATÓRIO.** CONDENAÇÃO CALCADA NA OCORRÊNCIA DE CULPA NA MODALIDADE DE NEGLIGÊNCIA E IMPRUDÊNCIA. RÉU QUE É CONDUTOR DE VEÍCULOS DE EMERGÊNCIA. SENTENÇA QUE ADUZ QUE A AMBULÂNCIA

VINHA TRAFEGANDO EM FAIXA EXCLUSIVA DE ÔNIBUS, NO CONTRAFLUXO, SEM ESTAR EM ATENDIMENTO DE URGÊNCIA E SEM SINAIS SONOROS E LUMINOSOS ATIVADOS, TENDO AVANÇADO SINAL VERMELHO E COLIDIDO COM A VÍTIMA. INSTRUÇÃO PROCESSUAL QUE NÃO LOGROU ÊXITO EM COMPROVAR QUE TENHA O ACUSADO, EFETIVAMENTE, AGIDO DA FORMA CRIMINOSA A ELE IMPUTADA. DINÂMICA CONCRETA DO ACIDENTE CONTROVERTIDA. CARACTERIZAÇÃO DE ATENDIMENTO DE URGÊNCIA QUE NÃO RESTOU REFUTADO. ELEMENTOS INDICATIVOS DE QUE A AMBULÂNCIA NÃO ESTAVA COM A SIRENE LIGADA QUE NÃO SÃO UNÍSSONOS, MESMO DENTRE AS TESTEMUNHAS DE ACUSAÇÃO. COR DA SINALIZAÇÃO SEMAFÓRICA NO MOMENTO DO ACIDENTE QUE POSSUI DUAS VERSÕES NOS AUTOS. AUSÊNCIA DE ELEMENTOS PARA DESACREDITAR UMA OU OUTRA VERSÃO. GRUPOS DE TESTEMUNHAS OCULARES QUE RELATAM, DE FORMA CONVICTA E COERENTE, VERSÕES DIFERENTES. **POSSIBILIDADE DE OCORRÊNCIA DE FALSAS MEMÓRIAS.** AUSÊNCIA DE PROVA SEGURA QUANTO À VIOLAÇÃO DE DEVERES DE CUIDADO. **DÚVIDAS QUE DEVEM SER CONSIDERADAS EM FAVOR DO RÉU. IN DUBIO PRO REO. REGRA PROBATÓRIA DERIVADA DO PRINCÍPIO DA PRESUNÇÃO DE INOCÊNCIA. ABSOLVIÇÃO NECESSÁRIA.** INTELIGÊNCIA DO ART. 386, VII, DO CPP. Recurso conhecido e provido. ACÓRDÃO Vistos, relatados e discutidos os presentes autos de Apelação n. 0435030-40.2010.8.06.0001, em face de sentença condenatória proferida pelo Juízo da Vara Única de Trânsito da Comarca de Fortaleza, em que figura como apelante Hermann da Rocha Pereira. Acordam os Desembargadores integrantes da 2ª Câmara Criminal do Tribunal de Justiça do Estado do

Ceará, por unanimidade, em conhecer do apelo interposto e conceder-lhe provimento para absolver o acusado da imputação posta na denúncia, conforme art. 386, inciso VII, do Código de Processo Penal, em consonância com o voto da eminente Relatora. Fortaleza, 19 de junho de 2019. Relatora

(TJ-CE - APL: 04350304020108060001 CE 0435030-40.2010.8.06.0001, Relator: FRANCISCA ADELINEIDE VIANA, Data de Julgamento: 19/06/2019, 2ª Câmara Criminal, Data de Publicação: 19/06/2019) (Ceará, 2019, grifo nosso)

A segunda jurisprudência aborda o risco de perecimento da prova em razão do tempo e da possibilidade de ocorrência das falsas memórias:

> RECURSO EM HABEAS CORPUS Nº 123.355 – SP (2020/0022971-7) RELATOR: MINISTRO LEOPOLDO DE ARRUDA RAPOSO (DESEMBARGADOR CONVOCADO DO TJ/PE) RECORRENTE: RICARDO CASOTI DA SILVA ADVOGADOS: HAMILTON NETO FUNCHAL – DEFENSOR PÚBLICO – MG114541 DEFENSORIA PÚBLICA DO ESTADO DE SÃO PAULO RECORRIDO: MINISTÉRIO PÚBLICO DO ESTADO DE SÃO PAULO
>
> DECISÃO
>
> [...] In casu, os fatos, segundo consta da denúncia, datam de 24/2/2016 e o recorrente permanece, desde então, em local incerto e não sabido, não tendo, mesmo após a citação por edital, comparecido ou constituído defensor. **Afere-se, ademais, que a determinação da colheita da prova bem observou a probabilidade de perecimento da memória dos fatos pelas testemunhas após o decurso de longo período de tempo.**

Ressalte-se que a **Terceira Seção desta Corte**, em tema submetido à sua apreciação a fim de uniformizar entendimentos divergentes das duas Turmas que a integram, temperou a aplicação do Enunciado Sumular n. 455/STJ, **considerando a suscetibilidade da memória das testemunhas**. Confira-se a ementa do julgado:

"RECURSO EM HABEAS CORPUS. HOMICÍDIO TENTADO. RÉU FORAGIDO. PRODUÇÃO ANTECIPADA DE PROVAS. TESTEMUNHAS POLICIAIS. ART. 366 DO CPP. SÚMULA 455 DO STJ. TEMPERAMENTO. **RISCO DE PERECIMENTO DA PROVA. TEMPO E MEMÓRIA. JURISDIÇÃO PENAL E VERDADE.** AFETAÇÃO DA MATÉRIA À TERCEIRA SEÇÃO DO STJ. RECURSO NÃO PROVIDO.

[...]

4. Estudos recentes de Psicologia demonstram a ocorrência frequente do fenômeno psíquico denominado" falsa memória ", em razão do qual a pessoa verdadeiramente acredita que viveu determinado fato, frequentemente distorcido, porém, por interpretações subjetivas, convergência de outras memórias e por sugestões externas, de sorte a interferirem no processo de resgate dos fatos testemunhados.

5. Assim, desde que explicitadas as razões concretas da iniciativa judicial, é justificável a antecipação da colheita da prova testemunhal com arrimo no art. 366 do Código de Processo Penal, de maneira a não se perderem detalhes relevantes ao deslinde da causa e a não comprometer um dos objetivos da persecução penal, qual seja, a busca da verdade, atividade que, conquanto não tenha a pretensão de alcançar

a plenitude da compreensão sobre o que ocorreu no passado, deve ser voltada, teleologicamente, à reconstrução dos fatos em caráter aproximativo.

[...]

9. A realização antecipada de provas não traz prejuízo ínsito à defesa, visto que, a par de o ato ser realizado na presença de defensor nomeado, nada impede que, retomado eventualmente o curso do processo com o comparecimento do réu, sejam produzidas provas que se julgarem úteis à defesa, não sendo vedada a repetição, se indispensável, da prova produzida antecipadamente.

10. Recurso em Habeas Corpus, afetado à Terceira Seção, desprovido" (RHC 64.086/DF, **Terceira Seção**, Rel. Min. **Nefi Cordeiro**, Rel. p/ Acórdão Min. **Rogério Schietti Cruz**, DJe 09/12/2016, grifei). O d. Juízo monocrático fundamentou nos seguintes termos a r. decisão que determinou a produção antecipada de provas, **verbis** (fls. 20-22, grifei):

"2) Contudo, embora não se trate de crime gravíssimo, nem praticado com violência ou grave ameaça à pessoa, porém, objetivando proporcionar a necessária celeridade processual e racionalidade na prestação jurisdicional, reputo necessária a produção antecipada de provas.

Embora o Superior Tribunal de Justiça tenha editado o enunciado 455 da sua respectiva Súmula, limitando as hipóteses de antecipação da prova, **é fato irrefutável que se a testemunha for policial, o juiz poderá autorizar que ela seja ouvida de forma antecipada, sendo isso considerado prova urgente, haja vista os efeitos do tempo na memória das pessoas, ainda** mais como no caso em questão, em que entre as testemunhas há agentes de polícia, cuja própria atividade contribui para o esquecimento de fatos e das circunstâncias da infração penal, havendo, portanto, possibilidade real de perecimento da prova.

Importante salientar que a realização antecipada de provas não traz prejuízo à defesa, visto que, a par de o ato ser realizado na presença de defensor nomeado, nada impede que, retomado eventualmente o curso do processo com o comparecimento do réu, sejam produzidas provas que se julgarem úteis à defesa, não sendo vedada a repetição, se indispensável, da prova produzida antecipadamente."

Por seu turno, o eg. Tribunal de origem, ao apreciar o prévio **writ**, assim consignou no v. aresto reprochado (fls. 40-41, grifei):

"A ordem deve ser denegada. O paciente é acusado da suposta prática do delito de uso de documento público falso. Após o recebimento da denúncia, a citação pessoal restou infrutífera, sendo determinada a publicação de editais. Com efeito, a r. decisão está suficientemente motivada [...].

**Tais considerações se avultam se se considerar que os fatos datam de 24/02/2016, consoante a denúncia regularmente recebida – portanto, faz mais de três anos e oito meses, decurso de tempo esse que, certamente, já atuou, de algum modo, negativamente na memória das testemunhas arroladas."**

Como visto, a decisão se mostra devidamente fundamentada, não apenas no decurso do tempo, mas na probabilidade evidente de que a postergação da colheita da prova poderia impedir a efetiva busca da verdade real, notadamente pelo perecimento da memória dos fatos. Com efeito, em se tratando de decisão devidamente fundamentada, a ordem de produção antecipada da prova deve ser mantida.

Nesse sentido:

"PROCESSO PENAL. HOMICÍDIO. ART. 366 DO CPP. RÉ EM LUGAR INCERTO E NÃO SABIDO. PRODUÇÃO ANTECIPADA DE PROVAS. FATO OCORRIDO EM 2004. **POSSIBILIDADE REAL DE ESQUECIMENTO**. DECISÃO FUNDAMENTADA. AUSÊNCIA DE PREJUÍZO À DEFESA. APLICAÇÃO DO ART. 563 DO CPP."

[...]

Ante o exposto, nego provimento ao recurso ordinário. P. I.

Brasília, 06 de fevereiro de 2020.

MINISTRO LEOPOLDO DE ARRUDA RAPOSO (DESEMBARGADOR CONVOCADO DO TJ/PE) Relator (STJ-RHC: 123355 SP 2020/0022971-7, Relator: Ministro LEOPOLDO DE ARRUDA RAPOSO (DESEMBARGADOR CONVOCADO DO TJ/PE) (Brasil, 2020c, grifos nosso e do original)

Dessa forma, isso tudo ocasiona um alerta: a falibilidade do testemunho. Portanto, deve ser considerado até que ponto as **testemunhas merecem uma totalidade de crédito** (Di Gesu, 2019), não em razão da idoneidade, mas sim em virtude da falibilidade da memória.

Carnelutti (2017) destaca que a testemunha não é um documento, mas sim um ser humano, que tem subjetividades, moral e estigmas. O autor chama a atenção para um problema que não é novo no processo penal – as falsas memórias e a contaminação das provas:

> Mas há outro indivíduo no centro do processo penal ao lado do imputado: a testemunha. Os juristas, friamente, classificam a testemunha, junto com o documento, na categoria das provas. Aliás, é certa categoria das provas. Esta frieza deles é necessária como a do anatomista que secciona o cadáver; mas ai de nós se esquecermos que, enquanto o documento é uma coisa, a testemunha é um homem; um homem com o seu corpo e com a sua alma, com seus interesses e com as suas tentações, com as suas lembranças e com os seus esquecimentos, com a sua ignorância e com a sua cultura, com a sua coragem e com o seu medo. Um homem que o processo coloca em uma posição incômoda e perigosa, submetido a uma espécie de requisição para utilidade pública, afastado de seus afazeres e sua paz, pesquisado, espremido, inquirido, suspeitado. Não conheço um aspecto da técnica penal mais preocupante do que aquele que resguarda o exame, aliás, em geral, o tratamento da testemunha. Também aqui, de resto, a exigência técnica termina por se transformar em uma exigência moral: se devesse resumi-la em uma fórmula, colocaria no mesmo plano o respeito da testemunha e o respeito do acusado. No centro do processo, em última análise, não está tanto o imputado ou a testemunha quanto o indivíduo. Todos sabemos que a prova testemunhal é a mais infiel entre as provas. (Carnelutti, 2017, p. 26-27)

## — 2.5 —
# Reconhecimento de pessoas com base no Código de Processo Penal do Uruguai

É possível observarmos divergências entre os sistemas processuais do Brasil e do Uruguai no que se refere ao modo probatório de reconhecimento de pessoas com a inauguração do novo Código de Processo Penal uruguaio, fundado no modelo, exclusivamente, acusatório: Ley n. 19.293, de 19 de dezembro de 2014 (Uruguay, 2014).

Sobre a necessária reforma dos sistemas inquisitorial para o acusatório, Alberto Binder (citado por Moreira, 2019, p. 118) leciona que "estabelecer o sistema acusatório ou adversarial e deixar para trás o sistema inquisitorial consiste em modificar o modo como a justiça penal participa na gestão dos conflitos". O autor ainda defende que "a adoção plena do sistema acusatório permite-nos abandonar o modo inquisitorial que, com seu formalismo, sua negligência com as pessoas, seu sigilo e desprezo pela atividade das partes, demonstrou ser tanto um sistema ineficiente quanto arbitrário" (Binder, citado por Moreira, 2019, p. 118).

Aplicar o sistema exclusivamente acusatório implica cumprir o que orienta nossa Constituição da República, ou seja, o efetivo respeito aos princípios do contraditório, da imparcialidade do julgador, da paridade de armas entre as partes, da fundamentação de decisão e da ampla defesa: um "modelo constitucional de processo penal" (Andolina; Vignera, citados por Barros, 2019, p. 195).

Na primeira parte deste capítulo, abordamos a forma como ocorre o reconhecimento de pessoas no Brasil e as patologias desse procedimento, principalmente os falsos reconhecimentos. Assim, como aponta Antonio Vieira (2019, p. 357), o reconhecimento pessoal como um "meio de prova tem um inerente risco de produção de falsos positivos".

O projeto Innocence Project (2021b), nos Estados Unidos, destaca que 69% dos casos apontam falha de reconhecimento. No Brasil, um experimento de 2019, apresentado pelo programa *Fantástico* (já mencionado neste capítulo), também apontou a existência problemática dos falsos reconhecimentos (Experimento..., 2019).

Para fins exemplificativos, e longe de se tratar de qualquer filme de ficção científica, apresentamos alguns casos registrados pelo Innocence Project que mostram como as testemunhas são influenciadoras do processo penal não somente no Brasil, mas no mundo todo.

## — 2.5.1 —
## Caso Randolph Arledge

Randolph "Randy" Arledge foi condenado a 99 anos de prisão pelo delito de estupro e homicídio, com base no depoimento de uma testemunha.

Segue o caso extraído do Innocence Project (2021c, tradução nossa, grifo nosso):

> **O crime**
> Em 30 de agosto de 1981, Carolyn Armstrong, de 21 anos, foi encontrada em uma estrada de terra próxima à Rodovia 22 no condado de Navarro. Ela estava nua da cintura para baixo com mais de 40 facadas no pescoço e no peito. Seu carro abandonado foi encontrado com as chaves na ignição a vários quilômetros de distância. Uma rede de cabelo preta e um baseado parcialmente fumado também foram encontrados no carro.
>
> **A investigação e o julgamento**
> Arledge estava em Corsicana visitando a família no momento do crime, mas partiu no dia seguinte para sua casa em Houston. Em Houston, ele se encontrou com Bennie Lamas e Paula Lucas e fez uma viagem em uma van roubada. Os três foram presos no Tennessee em conexão com uma acusação de assalto à mão armada. De acordo com um acordo judicial, Lamas e Lucas testemunharam no julgamento de assassinato de Arledge, no Texas, que Arledge disse a eles que havia assassinado uma mulher em Corsicana, Texas. Em troca, Lucas recebeu consideração favorável na sentença pelo assalto à mão armada e foi dado a ele liberdade condicional.

Apesar da falta de provas físicas ligando Arledge aos crimes e ao depoimento de álibi de várias testemunhas, ele foi condenado por assassinato e sentenciado a 99 anos de prisão.

## Pós-convicção

Em 2011, o Projeto Inocência garantiu o teste de DNA das evidências físicas com a cooperação do Ministério Público do Condado de Navarro. O teste, conduzido pela Cellmark Forensics, incluiu amostras de cabelo da rede de cabelo e lavagens dos pelos púbicos da vítima. Cada item de evidência excluía Arledge, e uma pesquisa no banco de dados de DNA do CODIS revelou uma correspondência com o criminoso David Sims.

Quando confrontado com os resultados de DNA que o ligam à rede de cabelo, Sims admitiu que trabalhou em locais onde a vítima foi vista com vida pela última vez.

Sims também admitiu que usava redes no cabelo no trabalho e as usava fora do restaurante quando saía – normalmente por volta das 10 ou 11 da noite – ao mesmo tempo em que a vítima era sequestrada.

Sims também alegou "não contestar" a tentativa de assassinato de uma mulher em Dallas em 1985, que foi esfaqueada mais de 90 vezes. No momento em que este artigo foi escrito, ele é objeto de uma investigação criminal relacionada ao assassinato de Armstrong.

Em 11 de fevereiro de 2013, o juiz James Lagomarsino e a promotoria distrital de Navarro County concordaram em libertar Arledge sob fiança durante o processo de anulação de sua condenação (constatação de inocência real por um juiz).

Arledge foi oficialmente exonerado pelo Tribunal de Recursos Criminais do Texas em 3 de maio de 2013, depois de mais de **30 anos atrás das grades, 14 deles por um assassinato que ele não cometeu**. [Crédito: The Innocent Project – https://innocenceproject.org]

— 2.5.2 —
## Caso William Barnhouse

William Barnhouse foi a 350ª pessoa exonerada por meio de testes de DNA. Passou 25 anos de sua vida na prisão por uma agressão sexual que não cometeu. Foi reconhecido pela vítima e condenado a 80 anos de prisão no tribunal.

Segue o caso extraído do Innocence Project (2021d, tradução nossa, grifo nosso):

> Em 21 de abril de 1992, uma mulher de 22 anos foi estuprada atrás de um prédio vazio em Muncie, Indiana. **Com base na descrição que ela deu no local, a polícia vasculhou a área e prendeu William Barnhouse, de 35 anos.**
>
> **A polícia levou Barnhouse ao local e o colocou ao lado de três carros da polícia. Enquanto os policiais apontavam as lanternas para seu rosto, a vítima identificou Barnhouse como seu agressor.** Barnhouse foi a julgamento no Tribunal do Condado de Delaware em dezembro de 1992. **A vítima o identificou como seu agressor.**

Um analista de sangue de laboratório criminal da Polícia Estadual de Indiana disse que foi capaz de "combinar" os marcadores genéticos nas evidências biológicas encontradas no jeans da mulher e no kit de estupro, e que não poderia eliminar Barnhouse como a fonte das evidências.

Um analista de cabelo da Polícia Estadual de Indiana disse que um fio de cabelo encontrado no corpo da mulher era "compatível" com Barnhouse – uma declaração que desde então foi cientificamente comprovada como um exagero impreciso.

A defesa apresentou evidências de que Barnhouse – que negou o crime – sofreu de doença mental durante toda a vida.

No argumento final, a acusação disse ao júri que o cabelo era uma "testemunha silenciosa" contra Barnhouse. Em 15 de dezembro de 1992, o júri considerou Barnhouse culpado, mas com doença mental, de estupro e conduta criminosa desviante. **Ele foi condenado a 80 anos de prisão.**

Em 2013, o FBI relatou que o testemunho afirmando que a comparação microscópica do cabelo poderia produzir uma "combinação" entre dois fios era cientificamente inválido. O FBI, o Departamento de Justiça, o Projeto Inocência e a Associação Nacional de Advogados de Defesa Criminal começaram uma revisão dos depoimentos e relatórios dos analistas do FBI. Eles determinaram que os analistas forneceram testemunhos ou relatórios errados em mais de 90 por cento dos casos revisados até 2017. O analista que testemunhou no caso de Barnhouse não faz parte dessa revisão, que inclui apenas analistas do FBI. Não inclui os muitos analistas, como o analista no caso de Barnhouse, que foram treinados pelo FBI ou que confiaram nas mesmas técnicas e testemunhos empregados pelo FBI.

Em 2016, o Innocence Project e a Wrongful Conviction Clinic da Indiana University McKinney procuraram o teste de DNA do esperma nos esfregaços vaginais no kit de estupro e no esperma encontrado no jeans da vítima. O Gabinete do Promotor do Condado de Delaware concordou com os testes.

O teste identificou o mesmo perfil de DNA masculino no kit de estupro e nos jeans, e **excluiu Barnhouse como a fonte da evidência biológica**. A promotoria juntou-se aos advogados de Barnhouse para solicitar que suas condenações fossem anuladas. Em 8 de março de 2017, Barnhouse foi libertado da prisão. A promotoria apresentou uma petição para indeferir as acusações em 9 de maio de 2017 e o juiz deferiu a ação em 10 de maio de 2017. [Crédito: The Innocent Project – https://innocenceproject.org]

— 2.5.3 —
## Caso Antonio Beaver

Antonio Beaver ficou mais de 10 anos preso pelo delito de roubo; foi reconhecido falsamente pela vítima e foi condenado.

Segue o caso extraído do Innocence Project (2021a, tradução nossa, grifo nosso):

### O crime

Em 15 de agosto de 1996, uma mulher branca de 26 anos entrou em um estacionamento de St. Louis planejando estacionar o carro e voltar ao trabalho. Ela se aproximou de um homem no estacionamento, pensando que ele era o manobrista. O homem disse a ela que ela precisava mover o carro imediatamente ou seria rebocado, e ele a seguiu de volta ao carro. Quando ela entrou no carro para ir embora, o homem disse que ela poderia ficar. Quando ela saiu, o homem a atacou com uma chave de fenda e disse a ela para dar a ele as chaves e a bolsa. Ela lutou com ele e então decidiu fugir; ela jogou a bolsa no banco e saltou do carro. Ao sair do carro, ela percebeu que o homem estava sangrando e que havia sangue dentro da porta do motorista. Ela correu para um estacionamento próximo e chamou a polícia.

A vítima descreveu seu agressor à polícia como um afro-americano bem barbeado e usando um boné de beisebol. Ela disse que o homem tinha 1,78 m de altura, com uma lacuna "semelhante a David Letterman" entre os dentes. No dia seguinte, a vítima ajudou a polícia a desenhar um esboço do agressor e a polícia recuperou o carro da vítima em East St. Louis. Impressões digitais latentes e esfregaços da mancha de sangue dentro da porta do motorista foram coletados.

**A identificação**
Seis dias depois, um detetive prendeu Antonio Beaver porque ele achava que Beaver se parecia com o desenho composto neste caso. No entanto, Beaver tinha um bigode farto, tinha 1,88 m de altura e dentes lascados. O mesmo detetive então preparou uma programação ao vivo incluindo Beaver e três outros homens – dois deles policiais. Beaver e o outro não oficial foram os únicos a usar bonés de beisebol, e Beaver foi o único com defeitos visíveis nos dentes. A vítima identificou Beaver.

**O julgamento**

Beaver foi acusado de roubo em primeiro grau e julgado em abril de 1997. A vítima testemunhou que Beaver foi o homem que a atacou, a acusação argumentou que a memória clara da vítima do crime significava que ela era a mais capaz de identificar o perpetrador. A defesa apresentou evidências que mostram que as impressões digitais coletadas do carro da vítima – incluindo impressões do lado do motorista e do espelho retrovisor – não correspondem à vítima ou ao Beaver. Eles argumentaram que as impressões deixadas no espelho retrovisor indicavam que a pessoa que as deixou deve ter dirigido o carro.

Após várias horas de deliberações durante dois dias, o júri condenou Beaver por roubo de primeiro grau. Ele foi condenado a 18 anos de prisão.

**A evidência biológica e a exoneração**

Em 2001, Beaver entrou com uma moção em seu próprio nome solicitando testes de DNA. O estado se opôs à moção, mas o tribunal concedeu uma audiência sobre o assunto em 2005. The Innocence Project aceitou o caso de Beaver e entrou com outra petição em seu nome em 2006. O estado concordou em testar o cotonete de dentro da porta do carro em outubro 2006 e os resultados provaram que Beaver não poderia ter cometido este crime. O teste de DNA não só excluiu Beaver como a fonte do sangue, mas levou à identificação de outro homem já encarcerado por outros crimes. Beaver foi exonerado em 29 de março de 2007. Ele tinha 41 anos na época de sua exoneração e cumpriu mais de uma década na prisão. [Crédito: The Innocent Project – https://innocenceproject.org]

Podemos perceber que muitas das vítimas fazem o reconhecimento ainda no momento de estresse do crime, o que é prejudicial em razão do momento emocional em que se encontram. De acordo com Vieira (2019, p. 358), "pesquisas apontam que quanto maior o estresse e a violência empregadas na ação delituosa, menor será o grau de exatidão nas identificações realizadas".

É importante mencionar que o Innocence Project tem uma feliz ramificação no Brasil: "O Innocence Project Brasil é a primeira organização brasileira especificamente voltada a enfrentar a grave questão das condenações de inocentes no Brasil" (Innocence Project Brasil, 2021).

Um dado marcante é o julgamento do *Habeas Corpus* n. 598.886 (Brasil, 2020d), em que o Innocence Project Brasil (Dora Cavalcanti..., 2020) atuou como *amicus curiae* (amigo da corte), uma vez que conquistou uma decisão inédita importantíssima sobre o tema reconhecimento de pessoas.

O Relator Ministro Rogério Schietti Cruz determinou que os procedimentos previstos pelo art. 226 do Código de Processo Penal, já mencionados neste capítulo, não podem mais ser interpretados como mera recomendação, sob pena de nulidade da prova.

Já se trata de um primeiro passo de uma longa caminhada, a qual deve abrir horizontes, a partir de estudos da reforma legislativa ocorrida com a Ley n. 19.293/2014. É possível perceber uma grande diferença entre o Código de Processo Penal do

Uruguai e o ordenamento brasileiro no que se refere ao tema reconhecimento de pessoas.

Flaviane de Magalhães Barros (2019, p. 196-197) chama atenção para um ponto também importante: a vítima também tem direitos e garantias fundamentais no processo penal, afinal de contas, e parafraseando Coutinho, "o caso penal foi protagonizado por ela".

No entanto, diante do alto índice de falsos positivos, há também que se atentar a esse problema, uma vez que ele afeta diretamente o sistema de justiça, principalmente nas condenações de inocentes.

A fim de se minimizar o risco de falsos positivos referentes ao meio probatório que é o instituto do reconhecimento de pessoas, a reforma processual uruguaia trouxe algumas significativas alterações do procedimento de reconhecimento de pessoas, a partir do art. 168 e seguintes da Ley n. 19.293/2014, parcialmente alterada pela Ley n. 19.549, de 25 de outubro de 2017 (Uruguay, 2017, tradução nossa):

> ARTIGO 169. (Reconhecimento de pessoas).
>
> 169.1 O reconhecimento de pessoas por testemunhas será feito com as regras da declaração testemunhal, no que for pertinente, e com os seguintes requisitos:
>
> a) antes do início do exame, a testemunha será interrogada separadamente das demais, de forma a descrever a pessoa e indicar se foi novamente vista ou se foi exibida antes do ato;

b) a testemunha será informada de que o acusado pode ou não estar presente na conferência de reconhecimento;

c) a roda será composta pelo arguido e pelo menos três pessoas com características morfológicas e vestimentas semelhantes a essa pessoa. A defesa pode incorporar mais duas pessoas ao volante. Não pode haver mais de um réu em cada linha;

d) o acusado escolherá sua localização na fila de pessoas;

e) a testemunha procederá ao reconhecimento de local onde não possa ser vista, informando se o arguido está na fila. Se sim, indicará as diferenças e as semelhanças que observa entre o seu estado atual e o que apresentava na data do evento.

169.2 O defensor do acusado deve testemunhar o ato.

169.3 Durante o inquérito preliminar, o procurador pode ordenar o reconhecimento, sem ordem ou presença do juiz, mas sempre na presença da defesa, caso em que o resultado será regulado pelo disposto no artigo 259.1 deste Código. Se for realizada na presença do juiz, será considerada prova antecipada de acordo com o disposto no artigo 213 deste Código.

169.4 Todas as ações realizadas serão registradas nos termos do artigo 139 deste Código.

Agora, vamos rever o que dispõem os arts. 226 a 228 do Código de Processo Penal brasileiro (Brasil, 1941, grifo nosso):

Art. 226. Quando houver necessidade de fazer-se o reconhecimento de pessoa, proceder-se-á pela seguinte forma:

I – a pessoa que tiver de fazer o reconhecimento será convidada a descrever a pessoa que deva ser reconhecida;

II – a pessoa, cujo reconhecimento se pretender, será colocada, **se possível**, ao lado de outras que com ela tiverem qualquer semelhança, convidando-se quem tiver de fazer o reconhecimento a apontá-la;

III – se houver razão para recear que a pessoa chamada para o reconhecimento, por efeito de intimidação ou outra influência, não diga a verdade em face da pessoa que deve ser reconhecida, a autoridade providenciará para que esta não veja aquela;

IV – do ato de reconhecimento lavrar-se-á auto pormenorizado, subscrito pela autoridade, pela pessoa chamada para proceder ao reconhecimento e por duas testemunhas presenciais.

**Parágrafo único. O disposto no nº III deste artigo não terá aplicação na fase da instrução criminal ou em plenário de julgamento.**

Art. 227. No reconhecimento de objeto, proceder-se-á com as cautelas estabelecidas no artigo anterior, **no que for aplicável. Art. 228.** Se várias forem as pessoas chamadas a efetuar o reconhecimento de pessoa ou de objeto, cada uma fará a prova em separado, evitando-se qualquer comunicação entre elas.

Entre os aspectos mais importantes, podemos observar que o legislador uruguaio estabeleceu o seguinte, conforme **Vieira (2019):**

- A "testemunha deverá informar se voltou a ver o suspeito depois do dia do crime ou se sua imagem lhe foi exibida antes do ato" de reconhecimento, o que não existe na legislação brasileira. Isso seria de suma importância para fins de se evitar falsos positivos e/ou falsas memórias no ato de reconhecimento.

- A testemunha deve ser advertida de que o autor do crime pode estar ou não estar entre as pessoas ali expostas a ela, o que não existe na legislação brasileira. Sobre esse ponto, voltamos a aludir ao experimento apresentado pela reportagem do programa *Fantástico*, em que os participantes que assim foram orientados tiveram o índice de falsos positivos notoriamente menor (Experimento..., 2019).

- A "roda será formada com pelo menos quatro pessoas (o suspeito e mais três) que necessariamente devem possuir características morfológicas semelhantes e vestimentas similares às do suspeito" (Vieira, 2019, p. 364-365), o que não existe na legislação brasileira, uma vez que o art. 226, inciso II, do Código de Processo Penal menciona apenas "qualquer semelhança" (Brasil, 1941). Assim, nossa legislação não faz menção detalhada sobre essas semelhanças, deixando ao livre-arbítrio do entrevistador o gerenciamento do procedimento.

- A defesa pode incorporar outros indivíduos na fila de reconhecimento, o que não existe na legislação brasileira. Esse ponto permite à defesa, em caso de impossibilidade por parte do entrevistador de encontrar pessoas com características morfológicas e revestimentos semelhantes, apresentar pessoas para compor o procedimento de reconhecimento em questão, respeitando, inclusive, os princípios do processo penal constitucional e os direitos e as garantias fundamentais do indivíduo, ainda que em sede de investigação.

- O "suspeito pode escolher a posição que ocupará na fila" (Vieira, 2019, p. 364-365), o que não existe na legislação brasileira, em respeito aos princípios do processo penal constitucional e direitos às garantias fundamentais do indivíduo, ainda que em sede de investigação.
- "Não se poderá colocar mais de um suspeito em cada fila" (Vieira, 2019, p. 364-365), o que não existe na legislação brasileira. Esse ponto é elementar, pois permite que os sujeitos sejam mostrados um a um ao entrevistado, e não todos de uma vez, como normalmente é feito no Brasil em nome da celeridade/praticidade do ato ou do processo, em detrimento dos princípios do processo penal constitucional e direitos garantias e fundamentais do indivíduo, ainda que em sede de investigação.
- A partir dessa reforma legislativa, em todos os procedimentos probatórios ou investigatórios, necessariamente, deve estar presente o defensor do suspeito ou acusado, o que não existe, de forma tão específica e garantidora de direitos, na legislação brasileira.
- "Não sendo possível fazer a identificação de forma presencial, o reconhecimento poderá ser feito por imagens fotográficas ou vídeos, desde que observadas as mesmas regras aplicáveis ao reconhecimento presencial (art. 170)" (Vieira, 2019,

p. 364-365). Atualmente, no Brasil, é muito adotado o reconhecimento por foto, mas nossa legislação é carente em absoluto sobre como se deve proceder esse ato, razão pela qual, muitas vezes, o reconhecimento é feito durante audiência de instrução e julgamento; solicita-se para a testemunha fazer o reconhecimento por uma única foto, que é a do acusado. Nem precisamos mencionar qual é o resultado disso para a instrução processual.

- Todo ato deve ser registrado por meio eletrônico. Atualmente, os depoimentos em delegacia e perante a instrução processual são gravados por meio eletrônicos, mas isso não ocorre em todas as cidades do Brasil. Ainda existem cidades que continuam utilizando o processo físico, e outras cidades estão em processo de implementação de processos eletrônicos como plataforma jurídica.

A implementação de medidas visando à seguridade e à confiabilidade do ato de reconhecimento de pessoa, no Código de Processo Penal do Uruguai, sem dúvida, muito nos ensina, bem como revela que, por aqui, ainda temos um longo caminho para trilhar com vistas a melhorar o procedimento pertinente a esse tema.

No sentido de ressaltar a carência e a deficiência de regulamentação legislativa brasileira do assunto ora tratado – reconhecimento de pessoas –, Gustavo de Noronha Ávila (2013, p. 299-300) sustenta:

O essencial é ignorado pela norma, visto ser característica da memória a coexistência do passado com o presente (Bergson). Quando os processos de criminalizações iniciam, efetivamente, tentaremos uma reconstrução, que jamais possuirá meios fidedignos para trazer o passado ao presente. Muito menos, ao futuro. A insuficiência da narrativa é ignorada por nosso sistema de justiça criminal. Desde o inquérito policial até o processo penal, inexistem controles de forma a tentar recuperar as informações passadas com qualidade mínima. Pelo contrário, as práticas inquisitoriais/autoritárias ainda persistentes revelam uma vontade de verdade absolutamente incompatível com os critérios de narrativa livre, identificados pelos achados da psicologia do testemunho.

Portanto, podemos perceber a urgente necessidade de alteração do atual instituto probatório de reconhecimento de pessoas no Brasil, principalmente em razão da insegurança e da falibilidade que tal instituto acarreta ao sistema judiciário e que acaba custando caro para toda a sociedade.

## Capítulo 3

*Possibilidade do uso – indiscriminado – do inquérito policial durante a sessão plenária do tribunal do júri*

O inquérito policial é utilizado no cotidiano forense do tribunal do júri para a construção da cognição dos jurados em plenário do júri, ou seja, além das provas cautelares, não repetíveis e antecipadas – art. 155 do Código de Processo Penal, Decreto-Lei n. 3.689, de 3 de outubro de 1941 (Brasil, 1941), o inteiro teor da investigação preliminar também é exposto aos jurados à medida que as partes desejam expor.

Desse modo, o inquérito policial tem um "valor probatório" diferente do que ocorre na Justiça Comum, cujo valor exacerbado durante as sessões plenárias será nosso objeto de estudo.

— 3.1 —
## Inquérito policial

Antes de adentrarmos o cerne da questão, é necessário abordar algumas questões imprescindíveis para o estudo crítico sobre o inquérito policial.

Antes de mais nada, em que pese muitas vezes ser desconsiderado pelo sistema jurídico ou por alguns comportamentos sociais, vale relembrar que uma investigação criminal e o processo penal já são uma pena em si, uma vez que são geradores de estigmatização social (teoria do etiquetamento social).

Nesse sentido, Aury Lopes Júnior (2020, p. 181) leciona que "o processo penal é uma pena em si mesmo, pois não é possível processar sem punir e nem punir sem processar, pois é um gerador de estigmatização social e jurídica, bem como é um sofrimento psíquico".

Aury Lopes Júnior (2020, p. 181), ainda sobre o assunto, questiona a razão da necessidade de um inquérito policial prévio ao processo, abordando os seguintes itens:

- **Busca pelo fato oculto** – A maioria dos crimes não apresenta total clareza no momento em que são investigados, razão pela qual se faz necessário o aprofundamento do conhecimento do caso para encontrar indícios suficientes de autoria e de materialidade do crime. Caso a materialidade e a autoria sejam suficientes, será demonstrada a *fumus commissi delicti* (a fumaça da prática de um delito) para o oferecimento da acusação, do contrário, justifica-se um pedido de arquivamento da investigação criminal.
- **Função simbólica** – A função simbólica da investigação criminal por parte do Estado tem como fim o reestabelecimento da normalidade social, a qual foi abalada pelo crime: afastar o sentimento de "impunidade".
- **Filtro processual** – Falar em *filtro processual* implica fazer um filtro, literalmente, das informações construídas em sede de investigação para não gerar acusações infundadas, as quais podem ocorrer em virtude do alastro probatório insuficiente ou se a conduta não for considerada conduta típica.

Percebemos, a partir das explicações do referido autor, as quais são de alta relevância para este estudo, a importância social do inquérito policial sob o ponto de vista social, uma vez que esse instrumento traz a sensação de maior segurança aos indivíduos como seres coletivos, além das questões jurídicas.

Assim, quando violada, a lei tem, em tese, um responsável/indiciado com base na investigação policial. Após, inicia-se uma ação penal para, só então, ocasionar a exclusão e a segregação do sujeito violador das normas de direito junto a outros sujeitos que assim optaram por agir também. Isto é, esse sujeito "acertará as contas com a sociedade", frase muito ouvida em plenários do júri Brasil afora.

A investigação criminal, sob o viés processual, é considerada o momento da persecução penal anterior à ação penal. Devem ser produzidos os elementos informativos a balizar – ou não balizar – porvindoura denúncia de crime pelo Ministério Público ou pelo particular, no caso de ação penal privada (queixa-crime).

Nesse momento pré-processual, paira o necessário controle jurisdicional em todas as vezes que atos investigatórios interfiram em esferas de direitos fundamentais da pessoa física ou jurídica submetida a uma investigação. Ainda, devem ser oportunizados meios defensivos, mas esses meios, segundo Fauzi Hassan Choukr (2017), não devem implicar a formação do contraditório perante a autoridade policial.

A natureza jurídica do inquérito policial é de procedimento administrativo pré-processual (Lopes Júnior, 2020). "A atividade carece do mando de uma autoridade com potestade jurisdicional e por isso não pode ser considerada como atividade judicial e tampouco processual, até porque não possui a estrutura dialética do processo" (Lopes Júnior, 2020, p. 182).

Como explica Manzini (citado por Lopes Júnior, 2020, p. 182), só "pode haver uma relação de índole administrativa entre a polícia, que é um órgão administrativo igual ao MP (quando vinculado ao Poder Executivo), e aquele sobre quem recaia a suspeita de haver cometido um delito".

Embora durante a investigação criminal não existam o contraditório e a ampla defesa, é importante mencionar a possibilidade de realização de investigações defensivas por parte do advogado em virtude do princípio de paridades de armas.

A investigação defensiva é um instrumento importante para a defesa e encontra respaldo jurídico no Provimento n. 188, de 11 de dezembro de 2018 (OAB, 2018), que regulamenta o exercício da prerrogativa profissional do advogado de realização de diligências investigatórias para instrução em procedimentos administrativos e judiciais. Dessa forma, descreve o art. 1º do referido provimento:

> Art. 1º Compreende-se por investigação defensiva o complexo de atividades de natureza investigatória desenvolvido pelo advogado, com ou sem assistência de consultor técnico ou outros profissionais legalmente habilitados, em qualquer fase da persecução penal, procedimento ou grau de jurisdição, visando à obtenção de elementos de prova destinados à constituição de acervo probatório lícito, para a tutela de direitos de seu constituinte. (OAB, 2018)

O órgão encarregado pelo inquérito policial é a Polícia Judiciária, no entanto, ele não é exclusivamente policial, pois podem existir investigações por outras autoridades administrativas que tenham competência legal para investigar, por exemplo, sindicâncias e processos administrativos contra funcionários públicos, investigações realizadas pelos membros do Poder Legislativo, ou seja, as chamadas Comissões Parlamentares de Inquérito (CPI).

Coutinho (citado por Choukr, 2017, p. 225) aponta, sobre a dinâmica do inquérito policial, que "a investigação policial está submetida ao regime da legalidade estrita e somente pode ser desencadeada diante da existência de um fundamento razoável a respeito da prática de uma conduta penalmente relevante, já que foi denominada de 'tipicidade aparente'".

Por fim, o princípio da presunção de inocência, o qual é consagrado na Constituição da República (Brasil, 1988), precisamente no art. 5º, inciso LVII, e na Convenção Americana de Direitos Humanos (CIDH, 1969), estabelece que ninguém será considerado culpado até o trânsito em julgado de sentença penal condenatória. Contudo, sabemos que, quando se trata de casos com repercussão midiática (ou, às vezes, nem é preciso isso), o sujeito, na maioria dos casos, já é considerado culpado moral e socialmente, realidade essa muito distante de um processo constitucional penal, sobre o qual estudaremos adiante.

No quadro a seguir, apresentamos as características quanto à forma do inquérito policial. Vale lembrar que o inquérito policial ainda conta com outras características quanto à sua estrutura de atos: lugar (em razão da matéria ou do critério territorial), tempo (em razão da fase procedimental ou do tipo de ato/diligência na investigação) e forma (sobre a qual veremos a seguir).

**Quadro 3.1** – Características do inquérito policial quanto à forma

| Característica | Fundamento jurídico | Comentários |
|---|---|---|
| Escrito | art. 9º, art. 10, art. 405, parágrafo 1º, do Código de Processo Penal | A regra indica que o inquérito policial seja, em sua totalidade, escrito, porém, com o uso de meios e plataformas digitais, atualmente os depoimentos, em muitas regiões, perante a autoridade policial, são gravados em vídeo, o que acaba por dar mais legitimidade ao ato e ao teor do depoimento, bem como possibilita às partes do futuro processo a verificação da forma com que foi questionada, pela autoridade policial, a testemunha, a vítima ou o indiciado. Sobre esse assunto, é imprescindível o estudo já mencionado das falsas memórias e a psicologia do testemunho. |
| Dispensável ou facultativo | art. 12, art. 27, art. 39, parágrafo 5º, art. 46, parágrafo 1º, do Código de Processo Penal | O inquérito tem por função também servir de base para a denúncia ou queixa-crime (indícios de autoria e materialidade); caso as partes já tenham conjunto probatório suficiente, ou seja, justa causa para a ação penal, é possível dispensar o inquérito policial. |

(continua)

(Quadro 3.1 – continuação)

| Característica | Fundamento jurídico | Comentários |
|---|---|---|
| Inquisitivo ou inquisitório | x | Com a promulgação da Lei n. 13.245, de 12 de janeiro de 2016 (Brasil, 2016), que promoveu mudanças no art. 7º, inciso XIV[1], do Estatuto da Ordem dos Advogados do Brasil – Lei n. 8.906, de 4 de julho de 1994 (Brasil, 1994), "há quem diga que houve a relativização do caráter inquisitorial do procedimento investigativo brasileiro frente a possibilidade de apresentar manifestações razões e quesito" (Rossini; Sydow, 2021). |
| Oficiosidade | art. 5º do Código de Processo Penal (diferente de oficialidade, art. 144, parágrafo 4º, da Constituição Federal) | A oficiosidade consiste no fato de que a iniciativa deve ocorrer de ofício pela autoridade policial, independentemente de impulso ou requerimento de particulares. |
| Oficialidade | art. 144, parágrafo 4º, da Constituição Federal | O inquérito policial é uma atividade investigatória feita por órgãos oficiais. E é presidido pela autoridade pública, no caso, a autoridade policial. |
| Discricionariedade (diferente de arbitrariedade) | x | Existe a liberdade de escolha pela autoridade policial na escolha de suas atividades, ou seja, é ela quem decide quando e como se realizar os procedimentos investigativos, mas há uma mitigação da discricionariedade quando os delitos deixam vestígios, por exemplo, exame de corpo de delito. |
| Valor probante relativo | art. 155 do Código de Processo Penal | Sobre esse tema, ver a Subseção 3.2. |

---

1 "Inciso XIV – examinar, em qualquer instituição responsável por conduzir investigação, mesmo sem procuração, autos de flagrante e de investigações de qualquer natureza, findos ou em andamento, ainda que conclusos à autoridade, podendo copiar peças e tomar apontamentos, em meio físico ou digital;" (Brasil, 1994)

(Quadro 3.1 - conclusão)

| Característica | Fundamento jurídico | Comentários |
|---|---|---|
| Não se sujeita à declaração de nulidade | × | A não sujeição à declaração de nulidade ocorre em razão de que a prova é que será nula, e não todo o inquérito policial. |
| Indisponibilidade | art. 17 do Código de Processo Penal | × |
| Sigiloso | art. 20 do Código de Processo Penal | Sobre esse tema, ver as seções seguintes deste livro: 3.2 (Valor probante relativo em plenário do júri) e 3.3 (Algumas diferenças entre a ação penal e o inquérito policial) |

— 3.2 —
# Valor probante relativo em plenário do júri

A valoração probatória de atos praticados e elementos recolhidos no curso do inquérito policial é extremamente problemática frente aos jurados: uma patologia do processo penal. Conforme Tortato (2020, p. 67), "A partir da base constitucional que orienta a formação normativa – axiológica do processo penal, a qual é a doutrina mestra do Brasil, é que se assume neste livro a feição acusatória para o processo penal".

A entrada em vigor da Constituição da República, em 1988, denotou para o processo penal a imposição de uma nova ordem, acarretando mais do que a mera reforma da estrutura anterior; deu concretude à célebre afirmação de Goldschmidt (2010, p. 778-779) de que o processo penal é um "termômetro" da Constituição, ou àquilo que Roxin (2003, p. 10) aponta como sendo o processo penal um "sismógrafo" da Constituição.

Assim, um processo que acarreta violações ao sistema acusatório se trata de um ato violador que deve ser banido de nosso ordenamento. O ato que está se discutindo é justamente a possibilidade indiscriminada dos autos de inquérito policial nas sessões plenárias para fins de convencimento dos jurados.

Lamentavelmente, muitos profissionais do direito, para fins de retórica, utilizam-se de expressões como "a prova quente e fresca da memória após os fatos", "logo após os fatos", "com a memória fresca", e frases semelhantes, quando o que consta nos autos de investigação lhes é favorável.

É claro que, para o jurado, isso pode funcionar quase que como uma conta de matemática ou como uma questão de lógica: "Poxa, se logo após os fatos a testemunha falou isso ou aquilo, mesmo ela alterando seu depoimento, vale o ela disse na época dos fatos". Até porque o jurado não tem a obrigação de ter conhecimento técnico jurídico. No entanto, onde ficam as regras processuais, ditas e regradas pelo princípio do devido processo legal, e o sistema acusatório daquele julgamento?

Neste ponto de nosso estudo, vamos distinguir os atos de prova e os atos de investigação e, por fim, faremos uma exposição crítica sobre o valor do inquérito policial, muito utilizado em plenário do júri durante as sessões de julgamentos.

Inicialmente, vale mencionar o que dispõe o Código de Processo Penal sobre o referido tema:

> Art. 155. O juiz formará sua convicção pela livre apreciação da prova produzida em contraditório judicial, não podendo fundamentar sua decisão exclusivamente nos elementos informativos colhidos na investigação, ressalvadas as provas cautelares, não repetíveis e antecipadas. (Redação dada pela Lei nº 11.690, de 2008)
>
> Parágrafo único. Somente quanto ao estado das pessoas serão observadas as restrições estabelecidas na lei civil. (Brasil, 1941)

Conforme o teor do art. 155 do Código de Processo Penal, o magistrado pode formar sua cognição para **decisões terminativas de mérito** – exauriente – pela livre apreciação de provas, porém não pode fundamentar sua decisão exclusivamente em elementos informativos colhidos durante a investigação, com exceção das provas irrepetíveis, cautelares e antecipadas, por exemplo: laudo de lesão corporal, oitiva de depoimento de testemunha com risco de morte e laudo de local de morte.

Já para as **decisões não terminativas de mérito**, o magistrado, a partir de sua cognição sumária acerca dos fatos, pode pautar-se em elementos investigativos, por exemplo, uma decisão de determinação de prisão preventiva do indivíduo.

Logo, é possível constatar que a cognição daquele que julga pode ser sumária ou exauriente[12], e isso será muito importante para nosso estudo daqui em diante.

O inquérito penal permite cognição limitada do julgador nessa fase (decisões de busca e apreensão, mandado de prisão preventiva etc.), uma vez que a antítese é o que vem depois, ou seja, o processo penal. O inquérito policial não pode ser usado como fundamento de decisão, salvo nas hipóteses descritas no art. 155 do Código de Processo Penal.

No processo penal, a prova deve ser **repetida**, e não reproduzida, para que os princípios constitucionais sejam observados. A mera ratificação de depoimento anteriormente prestado não pode nem deveria ser considerada repetição de prova.

Situação não incomum é, em audiências de instrução e julgamentos, e em sessão plenárias, vermos profissionais do direito, tanto advogados, quanto magistrados ou representantes do Ministério Público, pedindo para as testemunhas ratificarem o que foi dito em fase investigativa, no caso de elas não lembrarem do que informaram em sede investigativa.

Reconhecemos que, em processos duradouros, a testemunha pode tranquilamente não lembrar mesmo do que houve ou se confundir com relação aos detalhes dos fatos que estão sob julgamento. No entanto, isso deveria ser resolvido de outra forma pelo sistema jurídico, e não em detrimento da necessidade de

---

2  *Cognição sumária* é aquela que permite decisões não terminativas de mérito, por exemplo, determinação de prisão preventiva. *Cognição exauriente* é aquela que implica decisões terminativas de mérito, por exemplo, sentença condenatória ou absolutória.

se repetir uma prova que poderia facilmente ocorrer em um sistema jurídico fluído. Contudo, muitas vezes, opta-se pelo caminho mais fácil e mais caro às regras do devido processo penal: reproduzir a prova e não repetir a prova, salvo nos casos de provas não repetíveis, antecipadas e cautelares. Não é à toa que a própria lei ordinária aduz a provas **não repetíveis** no art. 155 do Código de Processo Penal.

Referente ao conteúdo e às características do inquérito policial e do processo penal, vejamos o quadro a seguir.

**Quadro 3.2** – Diferenças entre atos de investigação e atos de prova

| Atos de investigação | Atos de prova |
|---|---|
| Atos de hipótese | Atos de afirmação |
| Função: formar o juízo de probabilidade | Função: formar o juízo de certeza, ou seja, não pode existir dúvidas sobre a autoria e disponibilidade |
| Fase pré-processual | Fase processual |
| Serve para a *opinio delicti* do órgão acusador e para as decisões interlocutórias de adoção de medidas cautelares (decisões não terminativas de mérito) | Serve para a sentença |
| Praticados pelo Ministério Público ou pela Polícia Judiciária | Praticados pelo Ministério Público e pela defesa |

— 3.3 —
## Algumas diferenças entre a ação penal e o inquérito policial

No quadro a seguir, destacamos algumas diferenças entre a ação penal e o inquérito policial.

**Quadro 3.3** – Diferenças entre inquérito policial e ação penal

| Inquérito policial | Ação penal |
|---|---|
| Narração dos fatos e demais circunstâncias | Narração dos fatos individualizados e demais circunstâncias **pelas partes** |
| Individualização das condutas | Individualização das condutas **na denúncia** |
| Eventuais motivações | Eventuais motivações |
| Identificação e oitiva de testemunhas e vítimas se possível | Identificação e oitiva de testemunhas e vítimas se possível |
| Oitiva do indiciado + sua vida pregressa | Oitiva do indiciado + sua vida pregressa |
| Indícios de autoria e materialidade apontados por ato da investigação policial | Lastro probatório (depoimentos de testemunhas, juntada de documentos, perícias, acareações, reprodução simulada dos fatos etc.) |
| | Repetição dos indícios de autoria e de materialidade apontados na investigação sob o crivo do contraditório e da ampla defesa para que sejam considerados efetivamente prova para o processo penal, salvo as provas irrepetíveis, cautelares e antecipadas |

(continua)

(Quadro 3.3 - conclusão)

| Inquérito policial | Ação penal |
|---|---|
| Decisões embasadas em uma formação de cognição sumária do julgador<br><br>Exemplo: decretação de prisão preventiva | Decisão interlocutórias (**cognição sumária** – exemplo: decisão de recebimento da denúncia) e terminativa de mérito (**cognição exauriente** – exemplo: decisão de sentença) |
| | Alegações finais das partes |
| | Eventuais recursos |

— 3.4 —
## Cognição do jurado em plenário

Assunto elementar do presente capítulo é a abordagem específica, sob uma perspectiva da prática e do direito processual penal convergente com a Constituição da República, sobre como ocorre a construção cognitiva do processo criminal nos jurados, processo no qual eles serão os juízes do fato, além da permissão/prática abusiva do uso dos autos de inquérito policial nas sessões de julgamentos.

Aury Lopes Júnior (2016a) levanta a problemática da forma escassa pela qual acontece a cognição em plenário do júri; o restante majoritário da doutrina, nesse ponto em específico, resta silente:

> O julgamento se resume a "folhas mortas", pois os jurados desconhecem o direito e o próprio processo, na medida em que eles se limitam ao trazido pelo debate, e ainda que tenham em tese "acesso" a "todo" processo, há uma limitação de cognição. O "grosso da prova" teria que ser produzido na frente

dos jurados em plenário. Elementar que isso traria um custo com júris mais longos, mas seria o preço a ser pago se efetivamente quer-se um júri de verdade e "não essa fraude que aí está". (Lopes Júnior, 2016a, p. 859)

Tortato (2020, p. 36) assim afirma:

> É sabido que no julgamento dos crimes dolosos contra a vida – bem jurídico mais caro à nossa sociedade –, o Tribunal do Júri se utiliza de rito próprio. Nele, cabe a um colegiado de pessoas do povo, denominados *jurados*, compor o conselho de sentença e decidir pela ocorrência ou não do crime, bem como pela culpabilidade ou inocência do réu, cabendo ao juiz proferir sua decisão conforme a vontade popular.

Trata-se de um rito especial, previsto nos art. 406 a 497 do Código de Processo Penal, que diferencia substancialmente o julgamento dos crimes dolosos contra a vida do julgamento dos demais crimes previstos em nossa legislação, casos esses em que a decisão cabe exclusivamente ao juiz togado.

Aos jurados é dado um tempo ínfimo para decidir. Assim, de forma paradoxal, eles devem conhecer todo o processo, para, ao final, estar aptos para julgar. "Os jurados sabem do processo criminal, na maioria das vezes, apenas o que é produzido sob seus olhos, por conseguinte, fica-se a esmo tudo o que se germinou na primeira fase do procedimento" (Tortato, 2020, p. 36).[3]

---

3   Não podemos afirmar o mesmo sobre os casos midiáticos que vão a júri popular, uma vez que, neles, a sociedade, por meio da mídia, acompanha o caso.

Vislumbraremos uma das problemáticas no júri, ora objeto deste capítulo, com relação à forma de exposição de fatos e teses em plenário para fins de cognição dos jurados.

Essa forma de exposição de fatos e teses é o epicentro do julgamento, no qual ocorrem os debates entre defesa e acusação, conforme Tortato (2020, p. 36), "momento em que ambas as partes lançam mão de ferramentas de argumentação com a finalidade de convencer o conselho de sentença acerca da prevalência de suas teses". No entanto, é preciso atenção à capacidade cênica dos profissionais do direito que podem influenciar mais do que a certeza de seus argumentos (Fonseca, 2016).

É recorrente em plenário a afirmação de que todos estão em busca da tal da "verdade". Sobre a "verdade humana", e principalmente nesse tipo de julgamento, pode haver dependência dos olhos de quem a vê, sendo algo potencialmente subjetivo e relativo, dependendo do ponto de vista de quem a apresentará. Cada ser humano tem uma universalidade e uma singularidade dentro de si, e, nesse cenário, o direito, a ética e a argumentação jurídica podem e devem trilhar seus caminhos lado a lado para que, trabalhando juntos, possam oferecer o melhor resultado "humano" possível (Tortato, 2020).

Em um estudo sobre os jurados, de leitura imprescindível para esse tema, que foi conduzido pelo American Bar Associations, com a permissão do juiz do caso, foi possibilitada a filmagem das sessões com os jurados. A conclusão do comitê foi que "os jurados foram muito confusos, que não compreendiam as instruções do juiz, que não conseguiam se lembrar das evidências, e sofriam enormemente de tédio e frustação" (Adler, citado por Vale, 2015, p. 64).

Nesse sentido, foi realizada uma pesquisa diretamente com os jurados em Curitiba e na Região Metropolitana, na qual se questionava aos jurados se, ao julgarem, conheciam todo o processo e as provas envolvidas de forma suficiente para julgar aquele caso (Tortato, 2020).

As possibilidades de respostas dessas questões a serem analisadas eram **sim** ou **não**, conforme podemos observar nos gráficos a seguir.

---

- "Pensa o jurado que ao julgar conhece o processo (no todo, não somente o que lhe foi apresentado em plenário) o suficiente para fazê-lo como jurou e de acordo com sua consciência e os ditames da justiça?" (Tortato, 2020, p. 99)

**Gráfico 3.1** – Questão 1

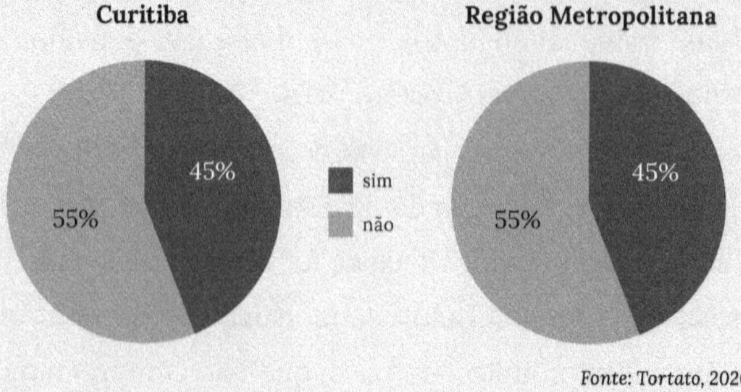

| Curitiba | Região Metropolitana |
|---|---|
| sim 45% / não 55% | sim 45% / não 55% |

Fonte: Tortato, 2020, p. 99.

- "Durante o julgamento, o jurado consegue analisar todas as provas inclusas no processo, além daquelas produzidas em plenário?" (Tortato, 2020, p. 99)

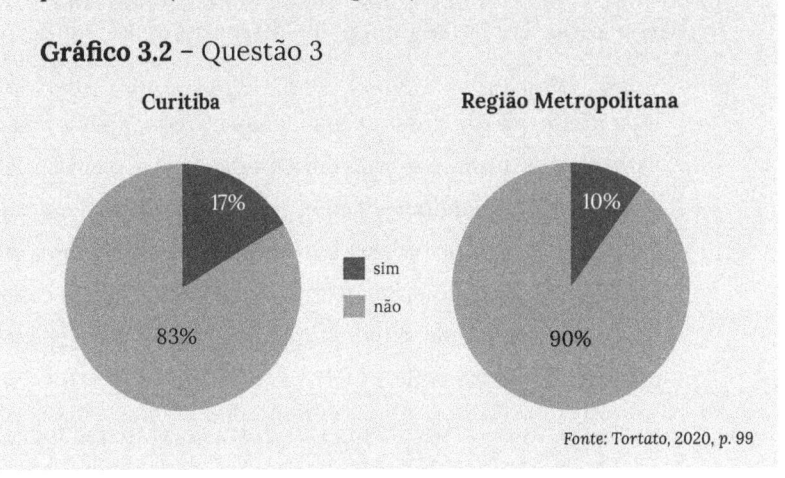

**Gráfico 3.2** – Questão 3

Curitiba: 17% sim, 83% não
Região Metropolitana: 10% sim, 90% não

Fonte: Tortato, 2020, p. 99

No primeiro gráfico, observamos que "55% (cinquenta e cinco por cento) dos jurados de Curitiba e Região Metropolitana disseram não conheceram todo o processo para julgar de acordo com sua consciência e os ditames da justiça" (Tortato, 2020, p. 39).

No segundo gráfico, em que a pergunta foi realizada de forma mais direta aos jurados, consta que "83% (oitenta e três por cento) em Curitiba e 90% (noventa por cento) na Região Metropolitana dos jurados responderam que o jurado não consegue analisar todas as provas apresentadas no processo, ou seja, além daquelas produzidas em plenário" (Tortato, 2020, p. 39-40).

Com base na análise dos gráficos, podemos perceber que os resultados entre as cidades foram semelhantes, portanto, é evidente que uma média superior dos jurados proferiu a sentença sem conhecer todo o processo, seja para absolver, seja para condenar alguém.

Nesse sentido, Tortato (2020, p. 39-40) esclarece:

> Destaca-se que é impossível, humanamente ponderando, analisar todas as provas e acompanhar a instrução em plenário do Tribunal do Júri simultaneamente, principalmente por pessoas leigas ao direito. Afirmar que isso ocorre no dia a dia forense é um grande engodo jurídico. O grau de dificuldade [e complexidade] é altíssimo, e na mesma proporção é a seriedade que implica essa decisão.
>
> Desta forma o jurado faz uma ou outra coisa, o que torna **demasiadamente prejudicial a sua decisão final**; e assim, toda a sociedade é impactada negativamente, uma vez que se pode absolver culpados e condenar inocentes.
>
> Insiste-se em frisar que os resultados negativos dessa pesquisa jamais foram por culpa dos cidadãos jurados; eles apenas fazem parte do sistema de forma obrigatória, e trabalham conforme lhes é delimitado. [...]
>
> Demonstram-se, nessas narrativas, as dificuldades cotidianas dos jurados em razão do sistema ser ainda deficitário, pois apresenta uma questão carente de debate: a forma de conhecimento dos autos pelos jurados em plenário.

É importante ressaltar que essa dificuldade de os jurados conhecerem todo o processo para, então, julgá-lo, como lhes é de direito e função enquanto julgadores, não advém, jamais, de incompetência deles.

Isso ocorre porque nosso sistema jurídico não atende todas as demandas que deveria atender, mormente na atualidade, com o avanço tecnológico existente, que poderia colaborar, e muito, com o conhecimento dos jurados do processo.

Inolvidável é a necessidade de profundas alterações estruturais. Como menciona Lopes Júnior (2016a, p. 864):

> E os argumentos contrários ao júri seguem, numa lista interminável, e, o que é mais grave, inabaláveis pelos frágeis argumentos dos defensores da instituição. Pensamos que administração de justiça pode prescindir do Tribunal do Júri, mas, considerando a consagração constitucional, o que impediria a extinção pura e simples, é crucial que se façam profundas alterações estruturais.

Dessa forma, "o sistema de julgamento jurídico por leigos, da forma que é posto, pode padecer da mesma enfermidade em qualquer comunidade: decisões tomadas pelo conselho de sentença em que os jurados decidem sem conhecimento seguro dos autos, e sem a devida fundamentação" (outro gravíssimo problema) (Tortato, 2020, p. 37).

Nesse panorama, e diante de tantos erros judiciários, imagine um acusado inocente respondendo a um processo perante o júri, tendo este chegado até a sessão de julgamento com base em testemunhas do "ouvi dizer" ou em falsos reconhecimentos. Qual será a probabilidade de o acusado ser condenado?!

Mas por que o que o jurado conhece ou desconhece dos autos é relevante para o tema desta seção? Somado a tudo isso, há o uso ilimitado pelas partes dos elementos investigativos, que não sofreram o contraditório e a ampla defesa durante a instrução plenária, permitindo, assim, que o jurado fundamente sua decisão de forma que só se permitiria em um sistema inquisitivo, e não acusatório, tal qual é, ou deveria ser, o nosso.

Tudo (inquérito policial e ação penal) pode ser apresentado ao jurado, e percebemos que isso não é o suficiente para ele conhecer e estar apto a julgar o processo (nos limites do resultado da pesquisa). Então, não seria a hora de reduzir o que é levado a plenário, apresentando somente o que foi produzido na ação penal, garantindo, assim, o contraditório e a ampla defesa, bem como um julgamento mais próximo do direito penal do fato, e não direito penal do autor?

Em suma, será que não é a hora de produzir todo o acervo probatório perante os jurados, ora julgadores da causa?

Muitos podem questionar o custo de recursos e o tempo destinado a um modelo conforme o mencionado no parágrafo anterior, mas, se o objetivo é manter o júri leal ao sistema acusatório no exercício do direito penal do fato, já passou da hora da mudança, e o custo público disso não pode ser motivo para evitar tantas patologias que envolvem esse sistema "fora da curva" no processo penal e, ao mesmo tempo, paradoxalmente constitucional.

Sobre o direito penal do autor, foi ainda questionado o seguinte aos jurados envolvidos na pesquisa de Tortato (2020, p. 102):

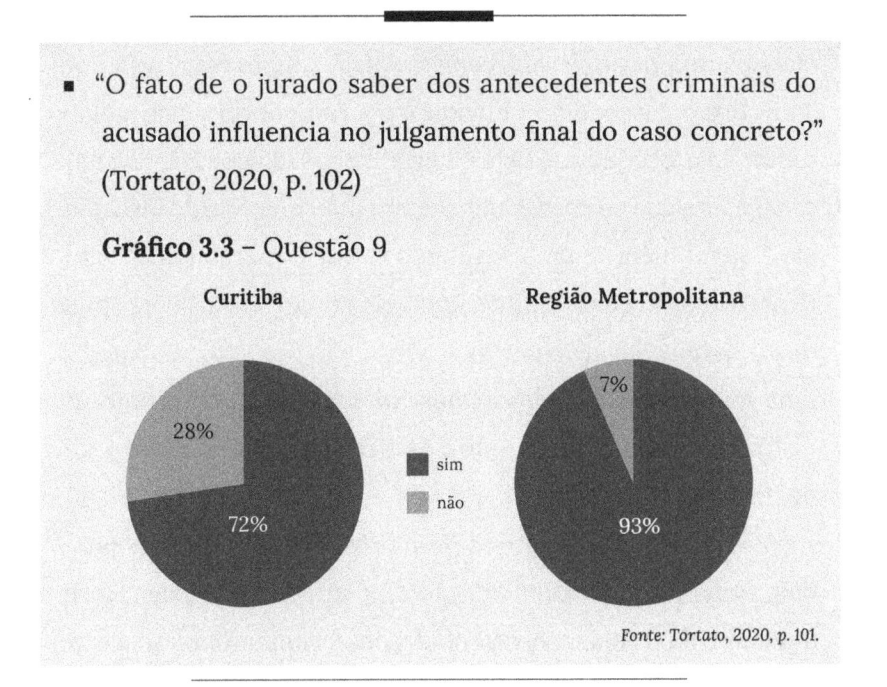

- "O fato de o jurado saber dos antecedentes criminais do acusado influencia no julgamento final do caso concreto?" (Tortato, 2020, p. 102)

**Gráfico 3.3** – Questão 9

Curitiba: 72% sim, 28% não
Região Metropolitana: 93% sim, 7% não

Fonte: Tortato, 2020, p. 101.

Tortato (2020, p. 44-45) observa, em Curitiba, que:

> 72% (setenta e dois por cento) e, na Região Metropolitana, 93% (noventa e três por cento) dos jurados responderam que são influenciados pelos antecedentes do acusado. De tal modo, estamos, lamentavelmente, por vivenciar o direito penal do autor na jurisdição moderna, e não o direito penal do fato na maioria das sessões plenárias verificadas na pesquisa.

A função do jurado é tão somente decidir sobre a autoria e a materialidade do crime apresentados na denúncia e, posteriormente, na decisão de pronúncia, mas o próprio sistema em que ele é inserido de forma obrigatória o impede disso, propiciando um cenário jurídico conivente com direito penal do autor.

Sobre o passado do indivíduo, o jurado deveria ser indiferente, uma vez que não está a julgar o acusado como indivíduo, e sim o fato que ensejou o julgamento. Julgar o acusado pelo que ele é ou foi, além de um julgamento moral, é regredir ao direito penal do autor, como já afirmamos. No entanto, isso ocorre porque o sistema jurídico permite isso, e não por culpa do jurado, uma vez que se consente em mostrar e argumentar ao jurado o histórico criminal do acusado e os elementos colhidos em sede de investigação policial.

As decisões terminativas de mérito realizadas pelos jurados, somadas a uma construção da cognição não exauriente (no limite da pesquisa apresentada), implicam um desastre processual penal.

Antes de mais nada, no rito comum, o juiz decide, em tese, com base em sua cognição exauriente do processo penal. Dizemos "em tese" porque, caso ele não o faça e, na fundamentação, perceba-se que ele desconhece os fatos em sua integralidade, é possível às partes do processo se valerem dos recursos cabíveis, uma vez que existe o dever constitucional de fundamentação.

Contudo, no júri, os jurados não fundamentam suas decisões, assim, não há como saber se eles se utilizaram de uma informação colhida durante a investigação para decidir.

Em plenário de júri, as partes se utilizam do inquérito policial para apresentação de suas teses jurídicas de forma **ilimitada**, em que pese a existência do art. 159 do Código de Processo Penal, e a **suposta** resistência ao sistema inquisitorial em nosso ordenamento.

O uso do inquérito policial perante os jurados nos parece um grave afrontamento ao sistema acusatório. Perceba que não se é possível identificar, na prática, o que levou o jurado a decidir conforme a acusação ou conforme a defesa, visto que não há fundamentação das decisões do conselho de sentença. Portanto, se ele se balizou em depoimentos, mesmo que não repetidos durante a ação penal em razões das testemunhas apresentarem versões diferentes, não há como saber.

Nesse sentido, Aury Lopes Júnior (2020, p. 275-276, grifo nosso) defende que:

> Ainda mais grave é a situação que se produz diariamente no Tribunal do Júri, em que os jurados julgam por livre convencimento, com base em qualquer elemento contido nos autos do processo (incluindo-se nele o inquérito), sem distinguir entre ato de investigação e ato de prova. A situação é ainda mais preocupante se considerarmos que na grande maioria dos julgamentos não é produzida nenhuma prova em plenário, mas apenas é realizada a mera leitura de peças. Então, o núcleo do problema está no fato de que os autos do inquérito **são anexados ao processo e assim acabam influenciando direta ou indiretamente no convencimento do juiz**. Desde nossa tese doutoral em 1999 e depois em nosso primeiro livro (Sistemas

de Investigação Preliminar no Processo Penal, 2001) sustentamos com veemência a necessidade de **exclusão física dos autos do inquérito (ou de qualquer instrumento de investigação preliminar), permanecendo apenas as provas técnicas e as irrepetíveis. Pois bem, finalmente na reforma de 2019/2020 o legislador brasileiro consagrou essa importante regra, não sem enfrentar imensa resistência de quem não compreendeu as distinções que fizemos anteriormente e a própria finalidade da investigação, além de contaminados pela cultura inquisitória. Infelizmente o Min. FUX suspendeu a eficácia dessa regra tão importante.**

Marcella Marcarenhas Nardelli (2019) defende uma racionalidade na atividade valorativa a ser desenvolvida pelos jurados, que vai de encontro com a possibilidade da íntima convicção, e conseguinte garantia da motivação das decisões judiciais como controle e fiscalização da atividade probatória. Assim, defendemos um ideal processo racional, que se mostre capaz de promover o conhecimento dos fatos pelo júri a partir de uma dinâmica probatória racional adequada aos fins epistêmicos e posterior a uma constitucional fundamentação.

Sobre a possibilidade de controle e fiscalização da atividade (racional) probatória no que diz respeito à ausência de necessidade de fundamentação das decisões pelos jurados no sistema brasileiro, não se menciona que o jurado deveria fundamentar tal qual um juiz togado, mas sim por outros meios:

Em primeiro lugar, busca-se orientar o raciocínio dos cidadãos para que sua decisão final seja alcançada por meio da apreciação de todos os elementos fáticos que integram as pretensões contrapostas, considerando que sejam estes contemplados pelas proposições formuladas. Pretende-se tutelar, deste modo, o direito das partes ao contraditório sob a perspectiva do direito de influência. Por outro lado, permite-se um maior controle sobre os fundamentos da decisão, uma vez que a conjugação das proposições formuladas com as respostas apresentadas leva à exteriorização, em certa medida, do processo de raciocínio dos jurados para o alcance da conclusão final. A formulação de questões pelo juiz como base para o veredicto é uma das formas pelas quais a Corte Europeia de Direitos Humanos considera ser possível suprir a ausência de motivação. (Naderlli, 2019, p. 522)

Nardelli (2019) bem destaca que há um risco em esse formulário ser feito pelo juiz, pois isso pode macular a decisão do jurado ao influenciá-lo.

Acreditamos que melhor seria, nesse sentido de proposta de reforma, um questionário geral para todos os casos, elaborado com base em estudos e pesquisas multidisciplinares.

Desse modo, é importante mencionar a possibilidade de motivação adotada pelo modelo espanhol, no qual cada jurado responde se considera ter sido o fato comprovado a partir do *standard* probatório utilizado pelas partes. Por meio dessa opção de motivação de decisões no júri, almeja-se retirar a ênfase da convicção subjetiva do cidadão jurado, bem como o direciona para a suficiência da prova produzida (Naderlli, 2019).

Assim, por meio desse modo de motivação da decisão dos jurados, também seria possível analisar se eles se pautariam em elementos exclusivos da investigação policial para, então, decidirem.

Portanto, o tribunal do júri espanhol se orienta com base na Ley Orgánica n. 5, de 22 de mayo de 1995 (Espanha, 1995), promovendo a fase de elaboração do veredicto com base em formalidades estritas. Nessas formalidades, os jurados expõem os argumentos arguidos pelas partes e fundamentam as razões de seu acolhimento ou rejeição, para, ao final, proferir a sentença, como estabelece a referida lei:

> CAPÍTULO IV
>
> Do Veredicto
>
> 1ª Seção. Determinação do objeto do veredicto
>
> Artigo 52. Objeto do veredito. 1. Terminado o julgamento oral, depois de elaborados os relatórios e ouvidos os arguidos, o Magistrado-Presidente procederá à apresentação ao Júri por escrito do objecto do veredicto de acordo com as seguintes regras:
>
> a) Narrará em parágrafos separados e numerados os fatos alegados pelas partes e que o Júri deve declarar provados ou não, diferenciando entre os que são contrários ao acusado e os que são favoráveis. Não se pode incluir no mesmo parágrafo fatos favoráveis e desfavoráveis ou fatos dos quais alguns provavelmente serão considerados provados e outros não. Começará

por expor aqueles que constituem o fato principal da denúncia e, em seguida, narrará aqueles alegados pelas defesas. Mas se a consideração simultânea do primeiro e do último como provado não for possível sem contradição, ela incluirá apenas uma proposição. Quando a afirmação da prova comprovada de um fato se inferir da mesma afirmação de outro, deve ser proposta com a devida prioridade e separação.

b) Em seguida, expõe, seguindo os mesmos critérios de separação e numeração de parágrafos, os fatos alegados que podem determinar a estimativa de uma causa de isenção de responsabilidade.

c) Em seguida, incluirá, em parágrafos sucessivos, numerados e separados, a narração do facto que determina o grau de execução, participação e modificação da responsabilidade.

d) Por fim, especificará o ato criminoso pelo qual o acusado deve ser declarado culpado ou inocente.

e) Se forem processados vários crimes, a redação anterior será feita separada e sucessivamente para cada crime.

f) Ele fará o mesmo se houver vários réus.

g) O Magistrado-Presidente, face ao resultado da prova, pode acrescentar factos ou qualificações jurídicas favoráveis ao arguido, desde que não impliquem variação substancial do facto imputável, nem causem indefesa. Se o Magistrado-Presidente entender que decorre da prova um facto que implique tal variação substancial, ordenará que seja deduzida a correspondente falta.

2. Do mesmo modo, o Magistrado-Presidente deve procurar, se for caso disso, os critérios do júri sobre a aplicação dos benefícios da remissão condicional da pena e do pedido ou não de perdão na própria sentença. (Espanha, 1995, p. 29, tradução nossa)

Não almejamos, com o texto citado, apontar um sistema ou outro como o melhor, mas sim demonstrar que outros sistemas processuais penais, no que diz respeito ao júri, podem auxiliar no aprimoramento – pode meio de uma indispensável mudança – do sistema brasileiro, já que o tribunal do júri é considerado pela nossa Constituição da República como cláusula pétrea.[14]

Lênio Streck e Auri Lopes Júnior (citados por Higídio; Alves, 2021) também apontam como possível e desejada alteração a possibilidade de, mediante questionários, obter-se a motivação dos jurados e, consequentemente, o maior controle das decisões do conselho de sentença no tribunal do júri brasileiro.

Nardelli (2019, p. 434), com propriedade, demonstra que "o sistema brasileiro não parece se preocupar com os efeitos deletérios da apresentação aos jurados de prova dos antecedentes criminais do acusado", o que de fato desvia consideravelmente

---

4   O tribunal do júri tem previsão, no art. 5º, inciso XXVIII, da Constituição do Brasil, como garantia fundamental e, portanto, cláusula pétrea, a qual é um "dispositivo constitucional que não pode ser alterado nem mesmo por Proposta de Emenda à Constituição (PEC). As cláusulas pétreas inseridas na Constituição do Brasil de 1988 estão dispostas em seu artigo 60, § 4º. São elas: a forma federativa de Estado; o voto direto, secreto, universal e periódico; a separação dos Poderes; e os direitos e garantias individuais" (Cláusula Pétrea, 2021).

a análise racional do acervo probatório que está sob judice, ou seja, aplica-se o indesejado direito penal do autor em júri.

Dessa forma, existe a cotidiana possibilidade de o jurado-juiz decidir com base em elementos colhidos em sede de investigação: estar-se-á a exercer o direito penal do autor, do velho (ou não tão velho) sistema penal inquisitorial, uma vez que se decide em elementos que não foram submetidos a contraditório e ampla defesa.

Frederico Marques (2009) afirma que o juiz, diante da possibilidade de examinar o inquérito para formar sua convicção, leva em conta o que a instrução policial colheu de elementos informativos, o que resulta em um sistema inquisitorial.

Sobre os sistemas processuais, indicamos as principais garantias do sistema acusatório, segundo Marques (citado por Cunha, 2020, p. 69):

> a) Separação entre órgãos da acusação, defesa e julgamento, de forma a se instaurar um processo de partes;
> b) Liberdade de defesa e igualdade de posição das partes;
> c) Vigência do contraditório;
> d) Livre apresentação das provas pelas partes;
> e) Regra do impulso processual autônomo, ou ativação inicial da causa pelos interessados.

Para Rogério Sanches Cunha (2020, p. 69), "a nova Lei cria a figura do juiz das garantias [tema a ser tratado adiante], órgão jurisdicional com a missão de acompanhar as diversas etapas da investigação. O juiz de garantias é o responsável pelo controle da legalidade da investigação criminal e pela salvaguarda dos direitos individuais cuja franquia tenha sido reservada à autorização prévia do Poder Judiciário" (art. 3º-B do Código de Processo Penal, Brasil, 1941).

Sem embargos, ressaltamos que não existe mais espaço para a realização do indesejável direito penal do autor "mascarado" no tribunal do júri, uma vez que lá ocorrem decisões a partir do que o indivíduo é e representa para a sociedade, algo que vai muito além dos fatos narrados na denúncia: julgamento moral, um retorno ao sistema inquisitivo de processo penal, que colide com as bases gerais do "modelo acusatório constitucional-convencional" (Choukr, 2017, p. 22).

— 3.5 —
# A urgente motivação dos jurados do tribunal do júri como meio de controle jurisdicional

A atividade de valorização dos elementos de provas representa para o juiz um "verdadeiro e próprio dever, na medida em que esse valora a prova especificando a motivação, os resultados adquiridos e os critérios adotados" (Tonini, 2002, p. 102), nos termos do art. 564, inciso III, alínea "m", do Código de Processo Penal. Assim, esse autor defende que "o juiz deve expor seus motivos de convencimento, indicando as provas que fundamentam a sua decisão e enunciar as razões de sua idoneidade, bem como as razões da inidoneidade das provas contrárias" (Tonini, citado por Tortato, 2020, p. 78).

Conforme Badaró (2015), a motivação das decisões judiciais proporciona uma dupla finalidade. Primeiro, sob uma ótica individualista, ou seja, considera-se como finalidade o que a motivação desempenha no processo e leva-se em conta apenas o interesse das partes (garantia processual tem por escopo permitir o conhecimento das razões de decidir), possibilitando, portanto, a impugnação da decisão e de seus fundamentos pela via recursal. "Trata-se de um fundamento interno da motivação, ressaltando sua finalidade técnico-processual. Por outro lado, tendo em vista o exercício da função jurisdicional, a motivação permite o controle social sobre a atividade jurisdicional, ora caráter extraprocessual da motivação" (Badaró, 2015, p. 58-59).

Sobre a motivação, quanto ao seu caráter endoprocessual, destaca Badaró (2015, p. 59):

> No tocante ao seu caráter endoprocessual, isto é, à finalidade interna, é de destacar que a motivação não é uma descrição do raciocínio judicial. Não se trata de uma exposição do iter psicológico seguido pelo juiz na reconstrução histórica dos fatos que serviu de base para a decisão. Aliás, se assim o fosse, somente no último momento, quando se findasse a motivação, o juiz saberia se a causa seria julgada procedente ou improcedente. Na verdade, a motivação é muito mais uma exposição, ou melhor, uma justificação da decisão. Nas palavras de Foschini, a motivação é uma "argumentada conclusão"

ou, o que é a mesma coisa, uma "concludente argumentação". "A motivação da sentença apresenta-se, portanto, como uma justificação das circunstâncias fáticas e jurídicas que determinaram as razões de decidir. É o 'discurso justificativo da decisão' ou, como define Taruffo, uma "justificação racional das escolhas do juiz".

Podemos afirmar que a motivação é o "coração" da decisão, pois, uma vez que se ela não está em conformidade com as diretrizes norteadoras do processo penal e da Constituição da República, resta eivada de vícios, que não permitiram o bem funcionar do processo. A motivação está na sentença como o coração está no corpo humano; sem coração não há vida, sem **motivação não há sentença/decisão em conformidade com as** diretrizes normativas nacionais e internacionais.

O fato de o jurado não ter o dever de fundamentar, no sentido de uma decisão racional e não pautada em fundamentos teóricos jurídicos, tal qual faz o juiz togado, é uma infelicidade do sistema processual penal, o que acarreta uma drástica violação ao um sistema acusatório, que tanto é orientado pelo devido processo legal.

Rangel (2015, p. 21) muito bem expõe que, se a decisão dos jurados é uma decisão democrática, ela deveria, portanto, seguir como limite às balizas da Constituição, logo, deveria existir o dever de fundamentação.

Não se trata de fundamentação técnica jurídica, mas sim de um questionário que informasse quais provas levou o jurado a decidir pela autoria e pela materialidade do crime.

De acordo com Tortato (2020, p. 79), "Para que se possa fazer o controle das decisões judiciais é necessário que elas estejam suficientemente motivadas, ou seja, a motivação serve para um efetivo controle da racionalidade da decisão, e para que não reste aberta a via para percepções subjetivas e pessoais do julgador", evitando, assim, o exercício do direito penal do autor em detrimento do direito penal do fato.

Como preleciona Ferrajoli (2014, p. 573) quanto correlaciona a motivação, a verdade e a validade no processo: "ele (o princípio da motivação nas decisões) exprime e ao mesmo tempo que garante a natureza cognitiva em vez da natureza potestativa do juízo, vinculando-o, em direito, à estrita legalidade, e, de fato, à prova das hipóteses acusatórias".

A supremacia do poder dos jurados, no direito brasileiro, chega ao extremo quando permite que eles decidam fora da prova dos autos e pela íntima convicção. No caso das decisões do júri, o processo "só é passível de recurso contra as provas nos autos uma vez, nos termos do artigo 593, inciso III, "d", do Código de Processo Penal" (Tortato, 2020, p. 79).

Assim, caso haja outra sessão plenária, e os jurados decidam contra as provas nos autos mais de uma vez, não é possível outro recurso daquela decisão (a soberania dos jurados é relativa, pois permite recurso).

Lopes Júnior (citado por Tortato, 2020, p. 79) faz referência à "necessidade e obrigatoriedade da motivação das decisões judiciais", em razão de que "só a fundamentação permite avaliar se a racionalidade da decisão que predominou sobre o poder, e principalmente se foram observadas as regras do devido processo penal".

A Constituição da República determina que todas as decisões judiciais "devem ser fundamentadas conforme seu artigo 93, inciso XI". Consequentemente, o júri, por estar inserido em "um sistema constitucional de garantias, não poderia fugir dessa rede de proteção" (Rangel, citado por Tortato, 2020, p. 79).

Em apertada síntese, a motivação é uma garantia de controle democrático sobre a administração da justiça, assim, ao mesmo tempo, temos um sistema jurídico que se contradiz, sendo o júri cláusula pétrea (art. 5º, inciso XXXVII, da Constituição Federal), e que viola os preceitos resguardados na Carta Magna – o dever de fundamentação das decisões judiciais do art. 93, inciso IX, da Constituição da República (pois o jurado é equiparado a juiz). Por outro lado, grande parte da doutrina defende que o júri é o que há de mais "democrático" no direito em razão da participação e da soberania popular.

Contudo, como pode ser o tribunal do júri o **maior exemplo da democracia brasileira** se ele permite decisões não fundamentadas, contrariando o princípio constitucional do devido processo legal e o sistema acusatório, além de obrigar o jurado sorteado a participar (art. 436 do Código de Processo Penal)?

De acordo com Rangel (2005, p. 134-135):

> Não se pode mais aplicar no júri um código de processo penal da primeira metade do século passado, em detrimento das conquistas constitucionais, dentre elas a necessidade de fundamentação das decisões judiciais. Lembra que o júri se encontra dentro dessas conquistas. O espaço social ocupado pelo júri não pode fugir do exercício da linguagem, desde que preocupado com o *outro* como ser igual a nós.

Ainda conforme as lições de Rangel (2015, p. 134-135), é necessária a libertação no sentido de desenvolver a vida humana, quebrar "o sistema expressivo do comportamento de uma sociedade em que o outro não era prioridade para que se possa exigir que as instituições e o sistema abram novas perspectivas que ultrapassem a mera reprodução como repetição de 'o mesmo' (Dussel, 2002, p. 566); e expressão e exclusão das vítimas".

No sentido contrário dos sistemas jurídicos que buscam reproduzir os mesmos padrões ou ideais de processo, com os mesmos resultados, Dussel (2002, p. 566) menciona que não é só "quebrar as cadeias", mas também desenvolver a vida humana ao exigir que as instituições abram "novos horizontes que transcendam à mera reprodução como repetição de 'o mesmo'". Ou é "construir efetivamente a utopia do possível, as estruturas ou instituições do sistema onde a vítima possa 'viver bem'; é culminar o 'processo' da libertação como a ação que chega à liberdade efetiva do anteriormente oprimido. É um 'libertar para um novo' com êxito alcançado e a utopia realizada" (Dussel, 2002, p. 566).

A Constituição é a base fundante de um Estado democrático de direito, no qual o ideal fundamental é o "compromisso ético com o outro, sob pena de se invalidar toda a luta travada" (Rangel, 2005, p. 135) até os dias atuais. Portanto, se a Constituição determina que todas as decisões devem ser fundamentadas, no júri, as decisões deveriam também ser constitucionalmente fundamentadas.

— 3.6 —
## Cognição do jurado e o tempo

Abordamos aqui a relação do jurado de construção exauriente de sua cognição processual e o tempo destinado, sistemática ou processualmente, para esse fim.

O processo penal está inserido em uma complexidade ritualística do Judiciário, pois uma das intenções é a de realizar a reconstrução aproximada de um fato do passado.

A possibilidade da reconstrução dos fatos pode ocorrer por meio do arcabouço probatório existente nos autos, o que permite uma possível "construção de atividade cognitiva" (Lopes Júnior, 2007, p. 506). Consequentemente, essa construção será determinante para a realização da fundamentação constitucional da sentença pelo magistrado. É assim que "se dá os modos de construção do convencimento do julgador que formará sua convicção e legitimará o poder contido na sentença" (Lopes Júnior, 2007, p. 506).

A partir das reformas legislativas, principalmente a proposta surgida em 2020 (CNJ, 2021) de redução de tempos dos debates, número de testemunhas, números de jurados etc., percebemos que cada vez mais o legislador almeja reduzir o tempo da sessão plenária, tratando-a como mera formalidade e menos "burocracia".

Sumarizar no direito destaca a problemática do tempo no sistema jurídico, uma vez que são, conforme Tortato (2020, p. 61),

> os tempos do processo como, por exemplo, tempo do transcurso do processo, tempo para conhecer o processo, tempo para a reconstrução dos fatos, tempo para as partes trabalharem, tempo para a produção probatória, tempo da maturação do processo, tempo para as tomadas de decisão do magistrado, tempo para se verificar a eficácia das decisões, etc., que podem reger as garantias individuais daquele ser humano que irá ser julgado

O tempo de um processo penal requer cautela. Acelerá-lo indica a "demonstração da ambição do legislador em resolver as consequências jurídicas de um suposto ato ilícito de forma célere, e não resolver, por exemplo, as causas que permitem, justamente, a demora da prestação jurisdicional no Brasil", não somente na área do direito penal, mas também no direito como um todo (Tortato, 2020, p. 61).

Vivemos em uma sociedade acelerada, a qual sempre está conectada ao tempo digital dos meios de comunicação. Isso pode ser uma das razões das expectativas humanas atuais estarem tão voltadas para o imediatismo, "o que consequentemente contamina o direito, por conseguinte, o processo" (Tortato, 2020, p. 61-62).

Destacamos a percepção da pesquisa, na Seção 3.5, no sentido de que a maioria dos jurados mencionou que havia julgado sem conhecer efetivamente os autos para, posteriormente, proferir sua decisão de modo sigiloso e carente de fundamentação.

Logo, podemos notar um *defict* de cognição dos jurados para proferir uma decisão de mérito, que é a sentença. Entre tantos problemas, entendemos que "os tempos" normalmente das sessões plenárias são 'pobres' para conhecer, amadurecer e julgar a causa (nos casos, principalmente que não são midiáticos, pois os que são, normalmente a sociedade já "conhece" uma parte conforme o que é exposto na mídia).

O tempo para o processo, principalmente o processo penal, é um aliado do devido processo legal, ou seja, de uma decisão madura com base em elementos probatórios seguros. Ele não pode ser suprimido a qualquer, ou senão, nenhum custo. "A cognição deve ser abastada em tempo: a cognição madura é o fruto do tempo, ou seja, da história daquele fato reconstruído através do processo com o intuito finalístico, o qual se chega ao final do processo com base em uma decisão do magistrado togado, e no júri, por populares" (Tortato, 2020, p. 62).

No júri, é notório que quem profere a decisão final são os jurados, portanto, a sentença de condenação ou de absolvição. Cabe ao magistrado, após a votação, realizar a dosimetria da pena em caso de condenação pelo conselho de sentença.

Nesse processo em plenário, o tempo destinado aos jurados é muito diferente do tempo destinado ao juiz togado em um rito comum, por exemplo. O juiz togado, na maioria das vezes, contando com um processo célere, tem, no mínimo, oito meses para conhecer a causa. Já o jurado, para conhecer a causa, muitas vezes tem o tempo de uma tarde, ou seja, um período do dia.

Assim, o tempo dos jurados "encontra-se demasiadamente prejudicado em plenário do júri. Os jurados devem compreender todo um processo em insuficientes horas de julgamento a partir do que lhes é exposto em plenário" (Tortato, 2020, p.62).

No entanto, para uma cognição exauriente constitucionalmente adequada, é necessário que o tempo do processo seja respeitado; "a pressa nesse caso coloca em risco a competência daquele que proferiu uma decisão judicial, logo, [ele] não se encontrará apto a julgar" (Tortato, 2020, p. 63).

Ainda que ocorra uma cognição processual/judicial de pessoas leigas ao direito em sessão plenária do júri, ou seja, uma decisão que permite que isso ocorra de forma célere, não significa, necessariamente, que ela será competente (competência materialmente) apenas porque a lei diz que é (competência formal). Vale lembrar que se trata de uma "decisão terminativa sumária" em seu conteúdo (Tortato, 2020, p. 62-64).

Quanto aos efeitos negativos da sumarização do tempo mediante reformas legislativas em detrimento das garantias processuais, conforme Freitas e Freitas (citados por Souza, 2013):

> O subterfúgio das discussões que têm em seu centro o tempo como responsável pela lentidão processual, torna-se evidente. Num estratagema falho, muitas vezes fomentador de reformas superficiais, distanciam-se da realidade do problema, dificultando-lhe a solução. A morosidade não estaria ligada ao processo (ou procedimento), mas sim à ineficaz, e muitas vezes desestruturada, prestação da atividade jurisdicional monopolizada pelo Estado-Juiz.

O tribunal do júri deve ser visto como uma garantia ao acusado, já que se faz constar no art. 5º da Constituição da República e não pode ser abolido por se tratar de cláusula pétrea. Assim,

> deve se amoldar num procedimento que permita a cognição segura e exauriente – no plano vertical – de cada jurado que compõe o conselho de sentença. Pois a cognição exauriente é de fato a operação intelectual necessária para o juiz analisar o conteúdo formal e material da causa que o permita julgar.
>
> A partir do resultado da pesquisa, e por uma análise equidistante dos manuais do processo que envolva o júri, observa-se que o atual procedimento permite uma cognição sumária – no plano horizontal – do conselho de sentença, pois ele consegue analisar, via de regra, apenas o que lhe é apresentado ou manipulado pelas partes em plenário. Desse modo, resulta num conhecimento superficial do processo, pois os jurados

não conseguem analisar a produção probatória da primeira fase produzida perante o juiz togado com totalidade. Até porque não há "tempo" hábil para isso. (Tortato, 2020, p. 64)

Saber o que é ou não importante para aquela singularidade humana (cada jurado em si) que compõe o conselho de sentença parece ser uma grande prepotência jurídica, pois os valores pessoais de cada um não são iguais. Cada universo humano tem sua identidade, sua experiência, sua história (Tortato, 2020).

Conforme Tortato (2020, p. 65), "Na sessão plenária [do júri], o valor probatório fica a cargo das partes escolherem os 'melhores' argumentos e meios de prova para apresentarem aos jurados", por exemplo, momentos de declarações de testemunhas na primeira fase, alguns depoimentos perante policiais, etc. Ocorre que isso é realizado, exclusivamente, de acordo com a subjetividade das partes, mas não conforme a subjetividade dos jurados.

Dessa forma, "fica prejudicado o valor subjetivo que os jurados poderiam atribuir para os meios de provas que ficaram excluídas dessa seleção exclusiva pelas partes" (Tortato, 2020, p. 65).

Sobre a relação do tempo com o direito, François Ost (2005, p. 13) aduz sobre a complexidade que envolve tal questão, uma "interação dialética", lembrando que o tempo "participa da sua própria natureza". Ainda afirma Ost (2005, p. 13):

> Veja-se: o tempo se constrói literalmente, ele se "temporaliza". É por isso que, se podemos "dar" o tempo, modalidade que privilegiamos, podemos igualmente "tomá-lo", "passá-lo",

"perdê-lo", "encontrá-lo", "matá-lo", 'ganhá-lo", "remontá-lo" [...] o conceito de temporalização nos servirá para pensar esta instituição social do tempo. Um tempo que não permanece mais exterior às coisas, como continente formal e vazio, mas que participa de sua própria natureza.

De tal modo, François Ost (2005, p. 13) realiza uma "interação dialética" entre a temporalização social do tempo e a instituição jurídica da sociedade: "o direito afeta diretamente a temporalização do tempo" (o tempo de um prazo, de uma pena, de prescrição etc), "ao passo que, em troca, o tempo determina a força instituinte do direito" (efeito do prazo não cumprido, efeito da prescrição, efeito do cumprimento ou não da pena etc.).

Quando se fala em *temporalização do tempo pelo homem*, quer-se dizer que é o homem quem define quanto segundos dura um minuto (ou o *quantum* de uma pena de determinado delito). Hoje, 60 segundos equivalem a um minuto. E se daqui a algum período de tempo, em razão da velocidade tecnológica da informação, for considerado que 60 segundos não mais representam um minuto e, por isso, um minuto passar a durar 45 segundos? E se for redefinido o tempo de um minuto pelo homem enquanto ser social?

Como menciona Françõis Ost (2005, p. 13), "o tempo se constrói literalmente, ele se temporaliza... o conceito de temporalização nos servirá para pensar esta instituição social do tempo. Um tempo que não permanece mais exterior às coisas, como continente formal e vazio, mas que participa de sua própria natureza".

Sendo o tempo uma construção social, uma vez que depende do homem para ser instituído, e constituindo muito além do que "um fenômeno físico ou uma experiencia psíquica" (Ost, 2005, p. 12), imperioso é analisar o tempo de cognição suficiente para um magistrado, a fim de que ele possa compreender todas as características fenomenológicas e jurídicas que ocorrem durante uma sessão plenária.

Não podemos pensar nesse tempo para "menos tempo" (ao observar as singularidades de cada ser humano), como almejam cada vez mais as reformas legislativas.

Resta evidente que, em uma perspectiva constitucional do devido processo legal, devemos pensar o tempo para "mais tempo", independentemente do que isso possa custar ao Estado, já que a opção é pela manutenção da estrutura do júri.

Segundo Françõis Ost (2005, p. 13), o "direito é um discurso performativo, um tecido de ficções operatórias que redizem o sentido e o valor da vida em sociedade". Assim, há laço forte entre a temporalização social do tempo e a instituição jurídica da sociedade. Por isso, frisamos: "o direito temporaliza, ao passo que o tempo institui" (Ost, 2005, p. 13).

Para ilustrar que o direito precisa de tempo, tempo este diferente do tempo digital das informações, visto que o processo deve estar maduro para julgamento, para, então, poder ofertar uma cognição segura ao magistrado (ou ao jurado, como é o caso aqui), escrevemos o seguinte poema:

> Um tempo de menos tempo
> Quando é que precisamos sempre de mais tempo
> Nos tempos de hoje.
> No horizonte insensível, o tempo da informação.
> O homem temporaliza o tempo
> Sem saber que o tempo
> É a sua natureza em si.
> **Do tempo ou do homem?**
> Do tempo.
> Um segundo de vida que vale uma vida inteira.
> Uma vida inteira, que não vale um segundo de vida.
> Na luta do homem comum do direito
> Basta ter o Outro como polo principal.
> Caro Direito.
> Não esqueça que seu maior dilema, enquanto instrumento social de justiças humanas,
> É o tempo
> Que justamente, é temporalizado pelo homem.
> Um bom paradoxo.
>
> CJT, com sorte, final da pandemia, janeiro de 2021.

Assim, um direito efêmero, tal qual se passa em uma sessão de julgamento (um ou dois períodos do dia que contém 24 horas, em média, e descartando os júris midiáticos), definido pelo homem que deve ser cada vez mais curto, com base nas últimas reformas legislativas, é incapaz de orientar duradouramente o futuro das sessões plenárias cada vez mais patológicas, ou seja, o tempo "temporalizado pelo homem" da sessão plenária.

Essa situação se agrava pelo fato de não haver fundamentação da decisão dos jurados como a própria Constituição da República indica em seu art. 93, inciso IX. No nosso ordenamento, toda decisão judicial deve ser fundamentada, sob pena de nulidade. A "motivação das sentenças é um instrumento eficaz de controle do Judiciário, mas não é isso que ocorre no rito do tribunal do júri [segunda fase]" (Tortato, 2020, p. 65).

É nesse cenário que os juízes são pressionados a decidir rapidamente em plenário do júri, sem fundamentar, bem como as comissões de reforma acabam por criar procedimentos mais acelerados, muitas vezes se esquecendo de que o tempo do direito sempre será outro, por uma questão de garantia (Lopes Júnior, 2007). A consequência da aceleração do tempo, principalmente na esfera penal, é o atropelo de direitos e garantias individuais. E é sobre esse ponto que se reflete a forma de cognição dos jurados, uma vez que não há tempo compatível com a capacidade humana de analisar com segurança e tempo para maturação da causa processual (todos elementos probatórios) e teses jurídicas, para, então, os jurados exercerem a competência material para julgar com segurança (Tortato, 2020).

Acertadamente ressalta Coutinho (2018, p. 242) sobre o tempo processual: "o tempo do processo, em face à Constituição – pelo menos o do processo penal – é aquele suficiente para se ter uma decisão madura, uma vez que a pressa é um grande mal para a democracia processual e leva, ou pode levar, a injustiças inomináveis".

## — 3.7 —
# Direitos humanos como guia no processo penal: uma necessidade de fundamentação das decisões do conselho de sentença

Sobre a inserção do processo penal brasileiro ao sistema interamericano de direitos humanos, é notório que o Brasil se vê obrigado a conformar sua legislação interna aos compromissos assumidos internacionalmente.

Compete também ao devido processo legal o dever de fundamentação das decisões pelos magistrados, nos termos do art. 8º da Convenção Americana de Direitos Humanos (CIDH, 1969) – direito a um processo equitativo, pois, se ocorrer violação a essa regra, estaremos diante de um processo penal nulo (Tortato, 2020).

Mencionamos também o art. 111 da Constituição da República italiana, de 27 de dezembro de 1947 (Itália, 1947), que talvez tenha sido um norte para o art. 93, inciso IX, da Constituição da República de 1988:

> Secção II – Normas sobre a jurisdição
> Art. 111
>
> A jurisdição atua-se mediante o justo processo regulado pela lei.

Cada processo desenvolve-se no contraditório entre as partes, em condições de igualdade perante juiz terceiro e imparcial. A lei assegura a razoável duração.

No processo penal a lei assegura que a pessoa acusada de um crime seja, no mais breve tempo possível, informada reservadamente sobre a natureza e os motivos da acusação dirigida ao seu cargo, disponha de tempo e das condições necessárias para preparar a sua defesa; tenha faculdade, perante o juiz, de interrogar ou de fazer interrogar as pessoas que fazem declarações sobre ele, obter a convocação e o interrogatório de pessoas para sua defesa nas mesmas condições da acusação e adquirir qualquer outro meio de prova a seu favor; seja assistido por um intérprete, se não compreender ou não falar a língua utilizada num processo.

O processo penal é regulado pelo princípio do contraditório na formação da prova. A culpabilidade do arguido não pode ser provada com base em declarações dadas por quem, por livre escolha sempre se subtraiu voluntariamente ao interrogatório por parte do arguido ou do seu defensor.

A lei regula os casos em que a formação da prova não tem lugar em contraditório por consenso do arguido ou por impossibilidade comprovada de natureza objetiva ou por efeito de conduta ilícita provada.

Todas as providências jurisdicionais devem ser motivadas. (Itália, 1947)

Pois bem. O dever de fundamentação é abraçado pela regra do devido processo legal, sendo um direito fundamental do homem consagrado na Declaração Universal dos Direitos Humanos (ONU, 1948), em seu art. 8º, e goza de previsão na Convenção Americana de Direitos Humanos, que constitui uma das bases do sistema interamericano de proteção dos direitos humanos, também em seu art. 8º.

Destacamos que regra do devido processo legal, além de um princípio norteador do processo penal, é a "própria essência processual nacional e internacional que serve de instrumento para superações de injustiças no mundo contemporâneo" (Tortato, 2020, p. 70).

Ocorre que não existe uma norma jurídica, devidamente fundamentada e específica, que vede a fundamentação das decisões dos jurados, razão pela qual a legislação pode ser objeto de reforma processual.

O que temos hoje é uma norma constitucional que é clara ao determinar que todas as decisões do Poder Judiciário devem ser fundamentadas, sob pena de nulidade (art. 93, inciso IX, da Constituição Federal). No entanto, a decisão jurídica do conselho de sentença não é fundamentada, sob a escusa de a decisão dos jurados ser "soberana", e, portanto, eles podem decidir com base em sua íntima convicção.

Desse modo, podemos destacar o seguinte: direito penal do autor e julgamento moral (sistema inquisitivo) *versus* direito penal do fato (devido processo legal e sistema acusatório), como demonstra a figura a seguir:

**Figura 3.1** – Sistemas processuais penais

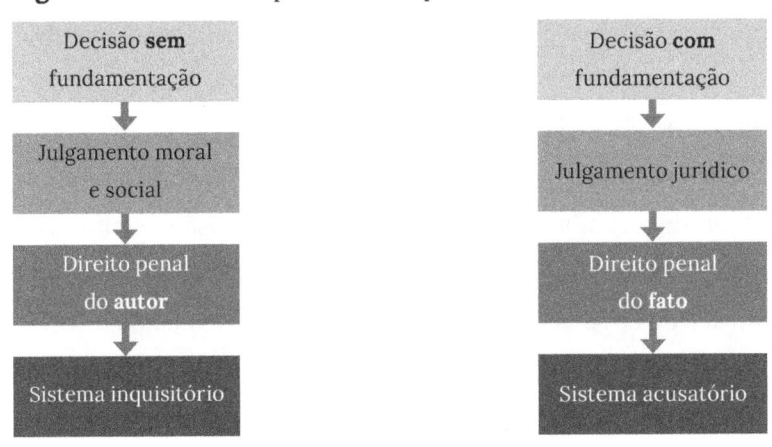

| Decisão **sem** fundamentação | Decisão **com** fundamentação |
|---|---|
| ↓ | ↓ |
| Julgamento moral e social | Julgamento jurídico |
| ↓ | ↓ |
| Direito penal do **autor** | Direito penal do **fato** |
| ↓ | ↓ |
| Sistema inquisitório | Sistema acusatório |

Concluímos, assim, que a carência do dever de fundamentação juiz-jurado, além de não existir nenhuma lei que vede o juiz-jurado de fundamentar suas decisões, vai contra as normas constitucionais, bem como as normas internacionais, das quais o Brasil é signatário.

— 3.8 —
# Juiz de garantias e o tribunal do júri: uma luz no fim do túnel?

Uma alteração legislativa recente implicou diversas mudanças no Código de Processo Penal: o Pacote Anticrime – Lei n. 13.964, de 24 de dezembro de 2019 (Brasil, 2019a) – e trouxe o instituto do juiz de garantias para nosso ordenamento jurídico, que está descrito no art. 3º-A. Anteriormente, não existia norma específica referente a esse tema.

Observamos que o juiz de garantias no júri oferecerá uma maior segurança jurídica no diz respeito ao sistema acusatório de processo, uma vez que excluirá os autos de inquérito penal da sessão plenária do tribunal do júri.

A seguir, podemos inferir as alterações legislativas referentes ao juiz de garantias, porém, pedimos a compreensão do leitor para a insegurança jurídica apresentada, uma vez que tal reforma legislativa é objeto das Ações Diretas de Inconstitucionalidade (ADIs) n. 6.298, 6.299, 6.230 e 6.305 (Brasil, 2021), que estão suspensas por liminar concedida pelo Supremo Tribunal Federal (STF).

**Quadro 3.4** – Mudanças com a Lei n. 13.964/2019

| Antes da Lei n. 13.964/2019 | Depois da Lei n. 13.964/2019 |
|---|---|
| Sem norma correspondente | "Art. 3º-A. O processo penal terá estrutura acusatória, vedadas a iniciativa do juiz na fase de investigação e a substituição da atuação probatória do órgão de acusação." |
| Sem norma correspondente | "Art. 3º-B. O juiz das garantias é responsável pelo controle da legalidade da investigação criminal e pela salvaguarda dos direitos individuais cuja franquia tenha sido reservada à autorização prévia do Poder Judiciário, competindo-lhe especialmente: <br><br> I – receber a comunicação imediata da prisão, nos termos do inciso LXII do *caput* do art. 5º da Constituição Federal; <br><br> II – receber o auto da prisão em flagrante para o controle da legalidade da prisão, observado o disposto no art. 310 deste Código; <br><br> III – zelar pela observância dos direitos do preso, podendo determinar que este seja conduzido à sua presença, a qualquer tempo; |

*(continua)*

*(Quadro 3.4 - continuação)*

| Antes da Lei n. 13.964/2019 | Depois da Lei n. 13.964/2019 |
|---|---|
| | IV – ser informado sobre a instauração de qualquer investigação criminal; |
| | V – decidir sobre o requerimento de prisão provisória ou outra medida cautelar, observado o disposto no § 1º deste artigo; |
| | VI – prorrogar a prisão provisória ou outra medida cautelar, bem como substituí-las ou revogá-las, assegurado, no primeiro caso, o exercício do contraditório em audiência pública e oral, na forma do disposto neste Código ou em legislação especial pertinente; |
| | VII – decidir sobre o requerimento de produção antecipada de provas consideradas urgentes e não repetíveis, assegurados o contraditório e a ampla defesa em audiência pública e oral; |
| | VIII – prorrogar o prazo de duração do inquérito, estando o investigado preso, em vista das razões apresentadas pela autoridade policial e observado o disposto no § 2º deste artigo; |
| | IX – determinar o trancamento do inquérito policial quando não houver fundamento razoável para sua instauração ou prosseguimento; |
| | X – requisitar documentos, laudos e informações ao delegado de polícia sobre o andamento da investigação; |
| | XI – decidir sobre os requerimentos de: |
| | a) interceptação telefônica, do fluxo de comunicações em sistemas de informática e telemática ou de outras formas de comunicação; |
| | b) afastamento dos sigilos fiscal, bancário, de dados e telefônico; |
| | c) busca e apreensão domiciliar; |

*(Quadro 3.4 – continuação)*

| Antes da Lei n. 13.964/2019 | Depois da Lei n. 13.964/2019 |
|---|---|
| | d) acesso a informações sigilosas; |
| | e) outros meios de obtenção da prova que restrinjam direitos fundamentais do investigado; |
| | XII – julgar o *habeas corpus* impetrado antes do oferecimento da denúncia; |
| | XIII – determinar a instauração de incidente de insanidade mental; |
| | XIV – decidir sobre o recebimento da denúncia ou queixa, nos termos do art. 399 deste Código; |
| | XV – assegurar prontamente, quando se fizer necessário, o direito outorgado ao investigado e ao seu defensor de acesso a todos os elementos informativos e provas produzidos no âmbito da investigação criminal, salvo no que concerne, estritamente, às diligências em andamento; |
| | XVI – deferir pedido de admissão de assistente técnico para acompanhar a produção da perícia; |
| | XVII – decidir sobre a homologação de acordo de não persecução penal ou os de colaboração premiada, quando formalizados durante a investigação; |
| | XVIII – outras matérias inerentes às atribuições definidas no *caput* deste artigo. |
| | § 1º (VETADO). |
| | § 2º Se o investigado estiver preso, o juiz das garantias poderá, mediante representação da autoridade policial e ouvido o Ministério Público, prorrogar, uma única vez, a duração do inquérito por até 15 (quinze) dias, após o que, se ainda assim a investigação não for concluída, a prisão será imediatamente relaxada." |

*(Quadro 3.4 – continuação)*

| Antes da Lei n. 13.964/2019 | Depois da Lei n. 13.964/2019 |
|---|---|
| Sem norma correspondente | "Art. 3º-C. A competência do juiz das garantias abrange todas as infrações penais, exceto as de menor potencial ofensivo, e cessa com o recebimento da denúncia ou queixa na forma do art. 399 deste Código.<br><br>§ 1º Recebida a denúncia ou queixa, as questões pendentes serão decididas pelo juiz da instrução e julgamento.<br><br>§ 2º As decisões proferidas pelo juiz das garantias não vinculam o juiz da instrução e julgamento, que, após o recebimento da denúncia ou queixa, deverá reexaminar a necessidade das medidas cautelares em curso, no prazo máximo de 10 (dez) dias.<br><br>§ 3º Os autos que compõem as matérias de competência do juiz das garantias ficarão acautelados na secretaria desse juízo, à disposição do Ministério Público e da defesa, e não serão apensados aos autos do processo enviados ao juiz da instrução e julgamento, ressalvados os documentos relativos às provas irrepetíveis, medidas de obtenção de provas ou de antecipação de provas, que deverão ser remetidos para apensamento em apartado.<br><br>§ 4º Fica assegurado às partes o amplo acesso aos autos acautelados na secretaria do juízo das garantias." |
| Sem norma correspondente | "Art. 3º-D. O juiz que, na fase de investigação, praticar qualquer ato incluído nas competências dos arts. 4º e 5º deste Código ficará impedido de funcionar no processo.<br><br>Parágrafo único. Nas comarcas em que funcionar apenas um juiz, os tribunais criarão um sistema de rodízio de magistrados, a fim de atender às disposições deste Capítulo." |

*(Quadro 3.4 - conclusão)*

| Antes da Lei n. 13.964/2019 | Depois da Lei n. 13.964/2019 |
|---|---|
| Sem norma correspondente | "Art. 3º-E. O juiz das garantias será designado conforme as normas de organização judiciária da União, dos Estados e do Distrito Federal, observando critérios objetivos a serem periodicamente divulgados pelo respectivo tribunal." |
| Sem norma correspondente | "Art. 3º-F. O juiz das garantias deverá assegurar o cumprimento das regras para o tratamento dos presos, impedindo o acordo ou ajuste de qualquer autoridade com órgãos da imprensa para explorar a imagem da pessoa submetida à prisão, sob pena de responsabilidade civil, administrativa e penal. Parágrafo único. Por meio de regulamento, as autoridades deverão disciplinar, em 180 (cento e oitenta) dias, o modo pelo qual as informações sobre a realização da prisão e a identidade do preso serão, de modo padronizado e respeitada a **programação normativa aludida no** *caput* **deste artigo**, transmitidas à imprensa, assegurados a efetividade da persecução penal, o direito à informação e a dignidade da pessoa submetida à prisão." |

Fonte: Elaborado com base em Brasil, 2019a.

Dessa forma, assim dispõe o art. 3º do Código de Processo Penal:

- Art. 3º-B do Código de Processo Penal: funções reservadas ao juiz das garantias.
- Art. 3º-C do Código de Processo Penal: abrange a competência do juiz de garantias.
- Art. 3º-D do Código de Processo Penal: impedimento.

Com base nas novas leituras do art. 3º e seguintes do Código de Processo Penal, o juiz que será o julgador da causa não poderá ter contato com os elementos de investigação do inquérito policial. Além disso, a competência do juiz de garantias abrange todas as infrações penais (exceto as de menor potencial ofensivo) e cessa com o recebimento da ação ou da queixa-crime.

Assim, os autos que compõem as matérias de competência do juiz de garantias ficarão acautelados em cartório, à disposição das partes, e não serão apensados aos autos principais para a fase processual de instrução e julgamento.

Verificamos que o instituto ora tratado reforça o sistema acusatório, em oposição ao sistema inquisitorial, além de reforçar que a atividade acusatória não pode ser realizada pelo magistrado, razão pela qual ele não pode assumir protagonismo probatório.

Compreendemos que a regra estabelecida no art. 3º-C tem reforço normativo da regra do art. 155 do Código de Processo Penal, quando veda o juiz de fundamentar sua decisão exclusivamente nos elementos informativos colhidos na investigação.

Por meio da leitura do art. 157, parágrafo 5º, do Código de Processo Penal (que está suspenso), podemos observar que é facultado ao magistrado o acesso apenas aos elementos da fase investigatória, como as provas cautelares, não repetíveis e antecipadas.

> Art. 157. São inadmissíveis, devendo ser desentranhadas do processo, as provas ilícitas, assim entendidas as obtidas em violação a normas constitucionais ou legais. [...]

§ 5º O juiz que conhecer do conteúdo da prova declarada inadmissível não poderá proferir a sentença ou acórdão. (Brasil, 1941)

Logo, diante dessa reforma jurídica, as partes têm o encargo e a responsabilidade de não carregar cópias desses elementos investigativos para o processo, sob pena de tornar ilegítimo o conteúdo, uma vez que contaminará a cognição do magistrado.

Lamentamos que o Supremo Tribunal Federal, na Ação Direta de Inconstitucionalidade – ADI n. 6.298 (Brasil, 2020f), por decisão monocrática do presidente desse órgão e do relator, tenha suspendido a aplicação do art. 3º e seguintes, bem como do art. 157, parágrafo 5º, do Código de Processo Penal, também introduzido pela reforma.

A situação fica ainda mais grave no tribunal do júri, "em que os jurados julgam por livre convencimento, com base em qualquer elemento contido nos autos do processo (incluindo-se nele o inquérito), sem distinguir entre ato de investigação e ato de prova" (Lopes Júnior, 2020, p. 276).

Assim, podemos perceber que "o núcleo do problema que está no fato de que os autos do inquérito são anexados ao processo e assim acabam influenciando direta ou indiretamente no convencimento do juiz" (Lopes Júnior, 2020, p. 276).

Existem críticas indiretas a essa inovação legislativa, visto que parte da doutrina aponta novos possíveis problemas, por exemplo, relativamente à compatibilidade com a realidade dos tribunais estaduais e federais.

> A maioria das críticas não recai sobre o instituto propriamente dito, isto é, na serventia de um juiz com competência exclusiva para acompanhar a fase investigativa, mas sim na absolta incompatibilidade desse sistema diante da realidade da maioria dos Tribunais Federais e Estaduais. São questões de ordem prática e orçamentária. (Cunha, 2020, p. 71)

É o preço que se paga para a existência do devido processo legal. O que não se pode permitir é uma economia orçamentária, com as altas taxas de impostos do país, em detrimento de violações às regras norteadoras do processo penal.

De outro ponto de vista, defendemos que seria necessário um **tempo factível para fins de reorganização do Poder Judiciário**, de modo que os tribunais pudessem adequar-se às novas regras do art. 3º e seguintes do Código de Processo Penal.

Ponto positivo é que muitos outros países já contam com essa regra em seus ordenamentos jurídicos, com o fim de manter a originalidade absoluta da cognição do magistrado, por exemplo, Espanha, Chile e Itália, com exceção das provas não repetíveis (Lopes Júnior, 2020).

É com pesar que observamos, como já apontado, que essa evolução está suspensa por conta da decisão liminar do Ministro Fux. O próximo passo será o julgamento do mérito – e há esperança de que o STF "casse essa liminar e estabeleça a plena eficácia dos dispositivos legais" (Lopes Júnior, 2020, p. 279).

## — 3.9 —
# Art. 380 do Projeto de Lei do Senado n. 156/2009

Sobre a mudança para o sistema acusatório, Coutinho (2018, p. 237) chama a atenção para o Projeto de Lei do Senado n. 156, de 1º de maio de 2009 (Brasil, 2009), por razões, impreteríveis, de se fazer um novo código a fim de compatibilizar a estrutura atual com a Constituição do Brasil.

O artigo apresenta a seguinte redação: "Art. 380. Durante os debates as partes não poderão, sob pena de nulidade, fazer referências: [...] III. aos depoimentos prestados na fase de investigação criminal, ressalvada a antecipada" (Brasil, 2009).

Podemos observar que o art. 380 do Projeto de Lei do Senado n. 156/2009 se preocupou com a contaminação da cognição original do julgador, já que veda a possibilidade de as partes se utilizarem dos depoimentos de fase investigativa, salvo nos casos de provas antecipadas, sob pena de nulidade.

De forma acertada, o legislador presou por prevalecer o sistema acusatório diante da impossibilidade de se utilizar depoimentos prestados em sede de investigação, pois, como já mencionamos neste livro, muitas vezes, por meio da retórica dos profissionais de direito em plenário, as partes mencionam que há a "prova fresca", ou "prova quente", dos autos, com o fim de persuadir a compreensão dos jurados em benefício próprio. Por conseguinte, esse tipo de ação viola toda a estrutura processual de um Estado democrático de direito.

Assim, tudo que é abordado acerca de reforma processual deve observar a perspectiva da Constituição da República de 1988. Afinal, como leciona Jacinto Nelson de Miranda Coutinho (2018, p. 237), "o processo do sistema inquisitório é incompatível com o devido processo legal, só para começar".

# Considerações finais

Nesta obra, discorremos sobre três pontos, a partir de um viés crítico-construtivo do ordenamento jurídico brasileiro: (1) o instituto da reincidência; (2) o modo pelo qual é permitido o reconhecimento de pessoas em nosso ordenamento para fins de prova no processo penal; (3) a possibilidade do uso do integral inquérito penal para fins de construção do jurado em plenário do júri e suas implicações para o sistema acusatório.

Utilizamos uma apresentação pormenorizada dos institutos, sem a intenção de esgotá-los, mas de modo suficiente para possibilitar a incursão do leitor nas particularidades de cada crítica.

A imersão em doutrinas, artigos científicos e na mais recente e atualizada jurisprudência nos auxiliou a sintetizar os principais argumentos expostos nesta obra.

Um direito penal ou processo penal perfeito é algo utópico, pois, em todas as alterações ou modelos de julgamento, inclusive os de outros países, haverá problemas. O papel da crítica é apontar esses problemas e reflexões para fins de aprimoramento dos sistemas processuais, como no presente caso, o sistema processual penal brasileiro.

O que de fato é importante é sempre estarmos orientados a partir do texto constitucional de 1988, que é doutrina mestra do Brasil, resultado de grandes batalhas sociais com fins de garantir um Estado democrático de direito.

Assim, assumimos, no presente livro, a feição de um processo essencialmente acusatório para o processo penal, logo, equidistante de um processo "misto" (acusatório e inquisitório).

A regra do devido processo legal está consagrada no art. 5º, inciso LIV, da Constituição da República. Necessariamente, cumpre ilustrar que, nesta obra, partimos do pressuposto de que "a aplicação do devido processo legal deve ser tratado como uma regra, e não como um princípio, pois está contida no capítulo I da Constituição da República de 1988, Título I: Dos direitos e deveres individuais e coletivos" (Tortato, 2020, p. 66).

Nas lições de Dworkin (2002, p. 36), existe diferença entre princípios legais e regras jurídicas: as regras devem ser aplicadas com base em um critério de "tudo-ou-nada", o que não vale para os princípios. As consequências jurídicas do que é regra devem seguir automaticamente quando presentes as condições previstas em seu conteúdo; já os princípios são norteadores, podendo vir a sofrer algum tipo de flexibilização. Percebemos, portanto, uma forte demarcação ou dicotomia entre princípios e regras jurídicas. Sob essa ótica, o princípio do devido processo legal não pode fugir à regra: o processo é uma efetiva instrumentalização da justiça.

Constatamos, então, que, ao legislador e aos profissionais do direito, não é facultativo o disposto do contido no art. 5º da Constituição, pois devem ser assegurados aos cidadãos todos os direitos individuais e coletivos que lá estão elencados, principalmente a garantia de que ninguém será privado da liberdade ou de seus bens sem o devido processo legal. Dessa maneira, não há de se falar em possibilidade de exceção no que se refere à aplicação do devido processo legal brasileiro.

Com as críticas expostas neste livro, podemos perceber a flexibilização do devido processo legal quando se utiliza de um mesmo fato para punir o agente por mais de uma vez. Assim, o instituto da reincidência mantém "vivo" o direito penal do autor em nosso ordenamento, o qual é brutalmente rechaçado pelo devido processo legal.

A possibilidade e a grande ocorrência de falsos reconhecimentos em nosso ordenamento, diante da inexistência de norma específica regulamentadora, bem como, muitas vezes, da "pressa" de se encontrar um "culpado" para a solução de um crime, ocasiona condenações de pessoas inocentes.

O atual procedimento de reconhecimento de pessoas no Brasil fere cotidianamente os direitos e as garantias fundamentais do indivíduo, principalmente, a regra e o princípio do devido processo legal, pois o ato de reconhecimento de pessoas deveria ser um ato seguro e coerente, muito diferente do que temos, como, por exemplo, um álbum eletrônico de suspeitos utilizados pelas autoridades policiais para fins de reconhecimento, em que pessoas já absolvidas continuam a constar nesse álbum no momento em que as vítimas estão a apontar os suspeitos de um crime.

Sobre a possibilidade "infinita" no atual ordenamento jurídico do uso de inquéritos policiais durante o julgamento das sessões do tribunal do júri, trata-se de outro problema demonstrado neste trabalho. Nesse sentido, com o instituto do juiz de garantias, implementado pela reforma do Pacote Anticrime – Lei n. 13.964, de 24 de dezembro de 2019 –, é possível observar novos bons horizontes. Sobre as finalidades do devido processo legal no processo penal, Choukr (2017, p. 22) ensina que o processo penal é uma sucessão de etapas do "devido processo constitucional-convencional", o qual "pode ser compreendido como portador de "finalidades restritivas ao caso concreto" e portador de "finalidades expandidas" que se projetam para o meio social.

Do ponto de vista da **finalidade restritiva**, o processo penal em si serve à preservação da liberdade, "com o que se supera a compreensão de que o processo penal é um mecanismo voltado para a punição" (Choukr, 2017, p. 22). Portanto, e ainda segundo Choukr (2017, p. 22), defendemos que a "liberdade poderá e deverá ser privada ao final da exauriente cognição processual conformada com o devido processo legal, e será restringida com obediência estrita da legalidade".

O processo penal entendido como portador de **finalidades expandidas** (projetado para o meio social como um todo) se apresenta como "mecanismo didático de obediência às bases constitucionais-convencionais pelo qual o meio social identifica, reconhece e possui uma tendência a reproduzir os valores ínsitos às estruturas democráticas. Por certo, não se aponta o processo penal como um protagonista desse papel finalístico, mas, sim, como **um** dos inúmeros mecanismos jurídicos que servem a esse propósito" (Choukr, 2017, p. 23, grifo do original).

Sobre a finalidade de (re)afirmação constitucional-convencional do processo penal, Choukr (2017, p. 23) afirma que:

> Dessa finalidade de (re) afirmação constitucional-convencional com seus valores e princípios o processo penal se afasta de finalidades próprias à segurança pública e, mais ainda, do ativismo político. A dizer, as soluções processuais não podem ser tomadas com objetivo de consolidar políticas executivas de segurança pública, e tampouco, de modo a concretizarem supostos clamores populares, cujos reclamos devem ter sua ressonância no Parlamento, mas não no Judiciário.

É com o intuito de atender à finalidade do processo penal, em sua (re)afirmação **constitucional-convencional** (Choukr, 2017), que, ao longo desta obra, examinamos a matéria em três capítulos críticos, com fins de problematizações que permitam a multidisciplinaridade das ciências para uma posterior e necessária reforma processual.

Antes de nos despedirmos, esclarecemos ao leitor que, em nenhum momento, apesar das críticas ferrenhas ao modelo de júri brasileiro, mencionamos a extinção ou abolição do instituto, até porque ele é considerado cláusula pétrea.

Mas, para a construção de um Estado democrático de direito, são necessárias críticas construtivas para melhorias, além do **diálogo com aquele que pensa de modo diferente, a fim de que seja construída a dialética dentro e fora do processo penal**.

Diante disso, buscamos demonstrar que não devemos ter uma visão apaixonada – a paixão nos cega – do rito do júri ou de qualquer outro instituto jurídico, mas sim consciente, uma visão racional e humana de processo constitucional penal.

Esperamos que esta obra, a qual não é um fim em si própria, tenha provocado inquietudes ao leitor, auxiliando-o no enfrentamento das questões objetivas e reflexivas do direito processual penal, na busca do verdadeiro sistema acusatório e, por conseguinte, da absoluta renúncia do sistema inquisitorial.

Por fim, uma poesia para nos dar fôlego nessa jornada, porque o fôlego nos dá poesia, logo, vida:

Justiça
Justiça, por quê?
Por que és tão pesarosa?
Será porque a justiça é técnica,
ao invés de ser justa?
Ou é justa,
ao invés de ser técnica?
Na nossa prosa,
e nesse desajeito
não seja melindrosa,
tudo vai pondo-se a jeito.
Encantadora feito uma rosa,
nós acreditamos em você!
Que com uma doação humana onerosa,
uma pitada de café,
e fé,
tudo vai pondo-se a jeito.
Feito o afeto
de um doce cafuné

Noite desflorida da primavera, 2018.
CJT (Tortato, 2020, p. 93)

# Referências

ÁVILA, G. N. de. **Falsas memórias e sistema penal**: a prova testemunhal em xeque. Rio de Janeiro: Lumen Juris, 2013.

BADARÓ, G. H. **Processo penal**. 3. ed. São Paulo: Revista dos Tribunais, 2015.

BARREIROS, Y. S. A. A reincidência no sistema jurídico brasileiro. **Jus.com.br**, dez. 2007. Disponível em: <https://jus.com.br/artigos/10763/a-reincidencia-no-sistema-juridico-brasileiro>. Acesso em: 18 jun. 2021.

BARROS, F. de M. A participação da vítima no processo penal. In: COUTINHO, J. N. de M.; POSTIGO, L. G.; SILVEIRA, M. A. N. (Org.). **Reflexiones brasilenãs sobre la reforma procesal penal en Uruguay**. Santiago: Observatório da Mentalidade Inquisitória, 2019. p. 195-204.

BELTRÁN, J. F. **La valoración racional de la prueba**. Madrid: Marcial Pons, 2007.

BITENCOURT, C. R. **Tratado de direito penal**: parte especial. 10. ed. São Paulo: Saraiva, 2014. v. 1.

BLOCH, E. **O princípio da esperança**. Rio de Janeiro: Contraponto, 2005. v. 1.

BOAS, F. **A formação da antropologia americana**: 1883-1911 – antologia. Tradução de Rosaura Maria Cirne Lima Eichenberg. Rio de Janeiro: Contraponto, 2004.

BRASIL. Constituição (1988). **Diário Oficial da União**, Brasília, DF, 5 out. 1988. Disponível em: <http://www.planalto.gov.br/ccivil_03/constituicao/constituicao.htm>. Acesso em: 18 jun. 2021.

BRASIL. Decreto n. 678, de 6 de novembro de 1992. **Diário Oficial da União**, Poder Executivo, 9 nov. 1992. Disponível em: <http://www.planalto.gov.br/ccivil_03/decreto/d0678.htm>. Acesso em: 18 jun. 2021.

BRASIL. Decreto-Lei n. 2.848, de 7 de dezembro de 1940. Código Penal. **Diário Oficial da União**, Poder Legislativo, Rio de Janeiro, RJ, 31 dez. 1940. Disponível em: <http://www.planalto.gov.br/ccivil_03/decreto-lei/del2848compilado.htm>. Acesso em: 18 jun. 2021.

BRASIL. Decreto-Lei n. 3.689, de 3 de outubro de 1941. Código de Processo Penal. **Diário Oficial da União**, Poder Legislativo, Rio de Janeiro, RJ, 13 out. 1941. Disponível em: <http://www.planalto.gov.br/ccivil_03/decreto-lei/del3689.htm>. Acesso em: 18 jun. 2021.

BRASIL. Lei n. 11.340, de 7 de agosto de 2006. **Diário Oficial da União**, Poder Legislativo, Brasília, DF, 8 ago. 2006a. Disponível em: <http://www.planalto.gov.br/ccivil_03/_ato2004-2006/2006/lei/l11340.htm>. Acesso em: 18 jun. 2021.

BRASIL. Lei n. 11.343, de 23 de agosto de 2006. **Diário Oficial da União**, Poder Legislativo, Brasília, DF, 24 ago. 2006b. Disponível em: <http://www.planalto.gov.br/ccivil_03/_Ato2004-2006/2006/Lei/L11343.htm>. Acesso em: 18 jun. 2021.

BRASIL. Lei n. 12.971, de 9 de maio de 2014. **Diário Oficial da União**, Poder Legislativo, Brasília, DF, 12 maio 2014. Disponível em: <http://www.planalto.gov.br/ccivil_03/_ato2011-2014/2014/lei/l12971.htm>. Acesso em: 18 jun. 2021.

BRASIL. Lei n. 13.104, de 9 de março de 2015. **Diário Oficial da União**, Poder Legislativo, Brasília, DF, 9 mar. 2015. Disponível em: <http://www.planalto.gov.br/ccivil_03/_ato2015-2018/2015/lei/l13104.htm>. Acesso em: 18 jun. 2021.

BRASIL. Lei n. 13.245, de 12 de janeiro de 2016. **Diário Oficial da União**, Poder Legislativo, Brasília, DF, 13 jan. 2016. Disponível em: <http://www.planalto.gov.br/ccivil_03/_Ato2015-2018/2016/Lei/L13245.htm>. Acesso em: 18 jun. 2021.

BRASIL. Lei n. 13.964, de 24 de dezembro de 2019. **Diário Oficial da União**, Poder Legislativo, 24 dez. 2019a. Disponível em: <http://www.planalto.gov.br/ccivil_03/_Ato2019-2022/2019/Lei/L13964.htm>. Acesso em: 18 jun. 2021.

BRASIL. Lei n. 13.968, de 26 de dezembro de 2019. **Diário Oficial da União**, Poder Legislativo, Brasília, DF, 27 dez. 2019b. Disponível em: <http://www.planalto.gov.br/ccivil_03/_Ato2019-2022/2019/Lei/L13968.htm>. Acesso em: 18 jun. 2021.

BRASIL. Lei n. 7.716, de 5 de janeiro de 1989. **Diário Oficial da União**, Poder Legislativo, Brasília, DF, 6 jan. 1989. Disponível em:<http://www.planalto.gov.br/ccivil_03/leis/l7716.htm>. Acesso em: 18 jun. 2021.

BRASIL. Lei n. 8.072, de 25 de julho de 1990. **Diário Oficial da União**, Poder Legislativo, Brasília, DF, 26 jul. 1990. Disponível em:<http://www.planalto.gov.br/ccivil_03/leis/l8072.htm>. Acesso em: 18 jun. 2021.

BRASIL. Lei n. 8.906, de 4 de julho de 1994. **Diário Oficial da União**, Poder Legislativo, Brasília, DF, 5 jul. 1994. Disponível em: <http://www.planalto.gov.br/ccivil_03/LEIS/L8906.htm#art7xiv.>. Acesso em: 18 jun. 2021.

BRASIL. Lei n. 9.099, de 26 de setembro de 1995. **Diário Oficial da União**, Poder Legislativo, Brasília, DF, 27 set. 1995. Disponível em:<https://www2.camara.leg.br/legin/fed/lei/1995/lei-9099-26-setembro-1995-348608-publicacaooriginal-1-pl.html>. Acesso em: 18 jun. 2021.

BRASIL. Lei n. 9.503, de 23 de setembro de 1997. **Diário Oficial da União**, Poder Legislativo, Brasília, DF, 24 set. 1997. Disponível em: <http://www.planalto.gov.br/ccivil_03/leis/l9503.htm>. Acesso em: 18 jun. 2021.

BRASIL. Lei n. 9.605, de 12 de fevereiro de 1998. **Diário Oficial da União**, Poder Legislativo, Brasília, DF, 13 fev. 1998. Disponível em: <http://www.planalto.gov.br/ccivil_03/leis/l9605.htm>. Acesso em: 18 jun. 2021.

BRASIL. Projeto de Lei do Senado n. 156, de 1º de maio de 2009. Disponível em: <https://legis.senado.leg.br/sdleg-getter/documento?dm=4574315&ts=1594032503518&disposition=inline>. Acesso em: 18 jun. 2021.

BRASIL. Superior Tribunal de Justiça. Agravo em Recurso Especial n. 1.662.901. Relator: Ministro Reynaldo Soares da Fonseca. **Diário da Justiça**, Brasília, 14 abr. 2020a. Disponível em: <https://stj.jusbrasil.com.br/jurisprudencia/859929248/agravo-em-recurso-especial-aresp-1662901-es-2020-0034171-2/decisao-monocratica-859929258>. Acesso em: 18 jun. 2021.

BRASIL. Superior Tribunal de Justiça. Agravo Regimental no Recurso Especial n. 1.882.372/MS. Relator: Ministro Nefi Cordeiro. **Diário da Justiça**, Brasília, 29 de setembro de 2020b. Disponível em: <https://stj.jusbrasil.com.br/jurisprudencia/1101125651/agravo-regimental-no-recurso-especial-agrg-no-resp-1882372-ms-2020-0162166-0>. Acesso em: 18 jun. 2021.

BRASIL. Superior Tribunal de Justiça. Habeas Corpus n. 123.355/SP. Relator: Ministro Leopoldo de Arruda Barroso. **Diário da Justiça**, Brasília, 10 fev. 2020c. Disponível em: <https://stj.jusbrasil.com.br/jurisprudencia/882620030/recurso-em-habeas-corpus-rhc-123355-sp-2020-0022971-7/decisao-monocratica-882620040>. Acesso em: 18 jun. 2021.

BRASIL. Superior Tribunal de Justiça. Habeas Corpus n. 172.606/SP. Relator: Ministro Alexandre de Morais. **Diário da Justiça**, Brasília, 31 jul. 2019c. Disponível em: <http://portal.stf.jus.br/processos/downloadPeca.asp?id=15340727338&ext=.pdf>. Acesso em: 18 jun. 2021.

BRASIL. Superior Tribunal de Justiça. Habeas Corpus n. 392.868/MT. Relator: Ministro Nefi Cordeiro. **Diário da Justiça**, Brasília, 30 mar. 2017. Disponível em: <https://stj.jusbrasil.com.br/jurisprudencia/444673702/habeas-corpus-hc-392868-mt-2017-0061601-7>. Acesso em: 18 jun. 2021.

BRASIL. Superior Tribunal de Justiça. Habeas Corpus n. 598.886/SC (2020/0179682-3). Relator: Ministro Rogerio Schietti Cruz. **Diário da Justiça**, Brasília, 27 out. 2020d. Disponível em: <https://www.stj.jus.br/sites/portalp/SiteAssets/documentos/noticias/27102020%20HC598886-SC.pdf>. Acesso em: 18 jun. 2021.

BRASIL. Superior Tribunal de Justiça. Recurso Especial n. 1.862.230/PR. Relator: Ministro Joel Ilan Paciornik, **Diário da Justiça**, Brasília, DF, 24 mar. 2020e. Disponível em: <https://stj.jusbrasil.com.br/jurisprudencia/869021409/recurso-especial-resp-1862230-pr-2020-0036519-9>. Acesso em: 18 jun. 2021.

BRASIL. Superior Tribunal de Justiça. Súmula n. 231, de 22 de setembro de 1999. **Diário da Justiça**, 15 out. 1999. Disponível em: <https://www.stj.jus.br/docs_internet/revista/eletronica/stj-revista-sumulas-2011_17_capSumula231.pdf>. Acesso em: 18 jun. 2021.

BRASIL. Supremo Tribunal Federal. Ação Direta de Inconstitucionalidade n. 6.298 MC/DF. Relator: Ministro Luiz Fux. **Diário da Justiça**, Brasília, 3 fev. 2020f. Disponível em: <https://jurisprudencia.stf.jus.br/pages/search/despacho1060157/false>. Acesso em: 18 jun. 2021.

BRASIL. Supremo Tribunal Federal. **Decisões monocráticas**. Disponível em: <https://jurisprudencia.stf.jus.br/pages/search?base=decisoes&pesquisa_inteiro_teor=false&sinonimo=true&plural=true&radicais=false&buscaExata=true&page=1&pageSize=10&queryString=ADI%206298%20&sort=_score&sortBy=desc>. Acesso em: 18 jun. 2021.

CAPPELLARI, M. P. M. Do acordo de não persecução penal na Lei n. 13.964/2019. In: RIO DE JANEIRO. Defensoria Pública do Estado do Rio de Janeiro. **Primeiras impressões sobre a Lei 13.964/2019**: pacote "anticrime" – a visão da Defensoria Pública. Rio de Janeiro: Defensoria Pública do Estado do Rio de Janeiro, 2020. p. 134-148.

CARDIN, T. R. A justiça brasileira é uma máquina de moer miseráveis. **Pragmatismo político**, 10 maio 2018. Disponível em: <https://www.pragmatismopolitico.com.br/2018/05/justica-maquina-de-moer-miseraveis.html>. Acesso em: 18 jun. 2021.

CARNELUTTI, F. **Misérias do processo penal**. Leme: Edijur, 2017.

CEARÁ. Tribunal de Justiça do Estado do Ceará. Apelação n. 0435030-40.2010.8.06.0001. Relatora: Francisca Adelineide Viana. **Diário da Justiça**, 19 jun. 2019. Disponível em: <https://tj-ce.jusbrasil.com.br/jurisprudencia/723639395/apelacao-apl-4350304020108060001-ce-0435030-4020108060001>. Acesso em: 18 jun. 2021.

CHOUKR, F. H. **Iniciação ao processo penal**. São Paulo: Empório do Direito, 2017.

CIDH – Comissão Interamericana de Direitos Humanos. **Convenção Americana de Direitos Humanos**, San José, Costa Rica, 22 nov. 1969. Disponível em: <https://www.cidh.oas.org/basicos/portugues/c.convencao_americana.htm>. Acesso: 18 jun. 2021.

CLÁUSULA PÉTREA. Disponível em: <https://www12.senado.leg.br/noticias/glossario-legislativo/clausula-petrea>. Acesso em: 18 jun. 2021.

CNJ – Conselho Nacional de Justiça. **Sugestão de alteração legislativa**: Projeto de Lei nº XXXX, de 2020. Disponível em: <https://www.cnj.jus.br/wp-content/uploads/2020/02/Sugest%C3%A3oLegislativa-TribunalDoJuri-19022020.pdf>. Acesso em: 18 jun. 2021.

COLÔMBIA. Decreto n. 100, de 20 de Febrero de 1980. **Diario Oficial**, 23 Feb. 1980. Disponível em: <http://www.suin-juriscol.gov.co/viewDocument.asp?id=1705120>. Acesso em: 18 jun. 2021.

COUTINHO, J. N. de M. **Observações sobre os sistemas processuais penais**. Curitiba: Observatório da Mentalidade Inquisitória, 2018. v. 1.

CUNHA, R. S. **Manual de direito penal**: parte especial. 11. ed. Salvador: Juspodivum, 2019.

CUNHA, R. S. **Pacote anticrime**. Salvador: Juspodivm, 2020.

DI GESU, C. **Prova penal e falsas memórias**. 3. ed. Porto Alegre: Livraria do Advogado, 2019.

DORA CAVALCANTI em sustentação oral pelo Innocence Project Brasil no STJ. Sexta Turma do Superior Tribunal de Justiça, 27 out. 2020. Disponível em: <https://www.youtube.com/watch?v=rdCmck86jU0>. Acesso em: 18 jun. 2021.

DOTTI, R. A. **Curso de direito penal**: parte geral. 5.ed. São Paulo: Revista do Tribunais, 2013.

DUSSEL, E. **Ética da libertação:** na idade da globalização e da exclusão. 2. ed. Petrópolis: Vozes, 2002.

DWORKIN, R. **Levando os direitos a sério.** São Paulo: M. Fontes, 2002.

ESPANHA. Ley Orgánica n. 5, de 22 de mayo de 1995. Disponível em: <https://www.boe.es/buscar/pdf/1995/BOE-A-1995-12095-consolidado.pdf>. Acesso em: 18 jun. 2021.

EXPERIMENTO testa: reconhecimento de suspeitos é um procedimento confiável? **G1**, 5 maio 2019. Disponível em: <https://g1.globo.com/fantastico/noticia/2019/05/05/experimento-testa-reconhecimento-de-suspeitos-e-um-procedimento-confiavel.ghtml>. Acesso em: 18 jun. 2021.

FEIX, L. F.; PERGHER, G. K. Memória em julgamento: técnicas de entrevista para minimizar as falsas memórias. In: STEIN, L. M. et al. **Falsas memórias**: fundamentos científicos e suas aplicações clínicas e jurídicas. Porto Alegre: Artmed, 2010. p. 209-227.

FERRAJOLI, L. **Direito e razão**. 4. ed. São Paulo: Revista do Tribunais, 2014.

FONSECA, S. A incompatibilidade do tribunal do júri com o sistema jurídico brasileiro. **Âmbito Jurídico**, 1º jan. 2016. Disponível em: <https://ambitojuridico.com.br/edicoes/revista-144/a-incompatibilidade-do-tribunal-do-juri-com-o-sistema-juridico-brasileiro>. Acesso em: 18 jun. 2021.

GANEM, P. STJ aplica teoria do direito ao esquecimento no campo penal. **Canal Ciências Criminais,** 12 fev. 2021. Disponível em: <https://canalcienciascriminais.com.br/stj-aplica-teoria-do-direito-ao-esquecimento-no-campo-penal/#:~:text=A%20Sexta%20Turma%20do%20Superior,pode%20tornar%20perp%C3%A9tua%20a%20valora%C3%A7%C3%A3o>. Acesso em: 18 jun. 2021.

GOLDSCHMIDT, J. **Derecho, derecho penal y proceso:** problemas fundamentales del derecho. Madrid: Marcial Pons Ediciones Jurídicas y Sociales, 2010.

GRECO, R. **Curso de direito penal:** parte geral. 12. ed. Niterói: Impetus, 2015.

GRINOVER, A. P. Verdade real e verdade formal? Um falso problema. In: PEREIRA, F. C. (Coord.). **Verdade e prova no processo penal:** estudos em homenagem ao professor Michele Taruffo. Brasília: Gazeta Juridica, 2016. p. 1-13.

HIGÍDIO, J.; ALVES, M. S. Não é admissível que, em pleno século 21, sigamos julgando por íntima convicção. **Âmbito Jurídico,** 24 jan. 2021. Disponível em: <https://www.conjur.com.br/2021-jan-24/entrevista-lenio-streck-aury-lopes-jr-professores-advogados>. Acesso em: 18 jun. 2021.

HUGO, V. **Os miseráveis**. Tradução de Regina Célia de Oliveira. São Paulo: Martin Claret, 2017.

IDDD – Instituto de Defesa do Direito de Defesa. **Excelentíssimo senhor ministro relator do Habeas Corpus 619.327/RJ em trâmite no E. Superior Tribunal de Justiça (Ministro Sebastião Reis Jr.)**. São Paulo, 11 dez. 2020. Disponível em: <http://www.iddd.org.br/wp-content/uploads/2020/12/amicus-tiago-vianna-final-sem-assinaturas.pdf>. Acesso em: 18 jun. 2021.

INNOCENCE PROJECT BRASIL. Disponível em: <https://www.innocencebrasil.org>. Acesso em: 18 jun. 2021.

INNOCENCE PROJECT. **Antonio Beaver**. Disponível em: <https://innocenceproject.org/cases/antonio-beaver>. Acesso em: 18 jun. 2021a.

INNOCENCE PROJECT. **DNA Exonerations in the United States**. Disponível em: <https://innocenceproject.org/dna-exonerations-in-the-united-states>. Acesso em: 18 jun. 2021b.

INNOCENCE PROJECT. **Randolf Arledge**. Disponível em: <https://innocenceproject.org/cases/randolph-arledge>. Acesso em: 18 jun. 2021c.

INNOCENCE PROJECT. **Willian Barnhouse**. Disponível em: <https://innocenceproject.org/cases/william-barnhouse>. Acesso em: 18 jun. 2021d.

IPEA – Instituto de Pesquisa Econômica Aplicada. **Reincidência criminal no Brasil:** relatório de pesquisa. Rio de Janeiro: Ipea, 2015. Disponível em: <https://www.cnj.jus.br/wp-content/uploads/2011/02/716becd8421643340f61dfa8677e1538.pdf>. Acesso em: 18 jun. 2021.

ITÁLIA. Constituição da República Italiana, de 27 de dezembro de 1947. Tradução de Paula Queiroz. Disponível em: <https://www.senato.it/application/xmanager/projects/leg18/file/repository/relazioni/libreria/novita/XVII/COST_PORTOGHESE.pdf>. Acesso em: 18 jun. 2021.

ITALY. Codice Di Procedura Penale, 22 settembre 1988. Disponível em: <https://www.imolin.org/doc/amlid/Italy/Italy_Codice_di_Procedura_Penale.pdf>. Acesso em: 18 jun. 2021.

KHALED JUNIOR, S. H. **A busca da verdade no processo penal:** para além da ambição inquisitorial. São Paulo: Atlas, 2013.

LIMA, R. B. **Manual de processo penal**. Salvador: Juspodivum, 2020.

LOFTUS, E. F. **Eyewitness Testimony**. 2. ed. Cambridge: Harvard University Press, 1981.

LOPES JUNIOR, A. **Direito processual penal**. 13. ed. São Paulo: Saraiva, 2016a.

LOPES JUNIOR, A. **Direito processual penal**. 17. ed. São Paulo: Saraiva, 2020.

LOPES JUNIOR, A. **Fundamentos do processo penal:** introdução crítica. 2. ed. São Paulo: Saraiva, 2016b.

LOPES JUNIOR, A. **Direito processual penal e sua conformidade com a constituição.** Rio de Janeiro: Lumen Juris, 2007. v. 1.

MARQUES, J. F. **Elementos de direito processual penal.** 3. ed. Campinas: Millennium, 2009.

MARQUES, J. F. **Tribunal do júri**: considerações críticas à Lei 11.689/08. Porto Alegre: Livraria do Advogado, 2009.

MATIDA, J.; NARDELLI, M. M. Álbum de suspeitos: uma vez suspeito, para sempre suspeito? **Consultor Jurídico**, 18 dez. 2020. Disponível em: <https://www.conjur.com.br/2020-dez-18/limite-penal-album-suspeitos-vez-suspeito-sempre-suspeito>. Acesso em: 18 jun. 2021.

MOREIRA, R. de A. O que temos que aprender com o Uruguai. In: COUTINHO, J. N. de M.; POSTIGO, L. G.; SILVEIRA, M. A. N. (Org.). **Reflexiones brasilenãs sobre la reforma procesal penal en Uruguay**. Santiago: Observatório da Mentalidade Inquisitória, 2019. p. 111-118.

MPPR – Ministério Público do Estado do Paraná. **Estudo de caso**: o reconhecimento de pessoas e a observância ao procedimento descrito no artigo 226 do Código de Processo Penal. Curitiba: MPPR, 2020. Disponível em: <https://criminal.mppr.mp.br/arquivos/File/Estudo_de_Caso_-_Reconhecimento_de_pessoas_-_versao_18-12-2020_final.pdf>. Acesso em: 18 jun. 2021.

NARDELLI, M. M. **A prova no tribunal do júri**: uma abordagem racionalista. Rio de Janeiro: Lumen Juris, 2019.

NEUFELD, B. C.; BRUST, P. G.; STEIN, L. M. Compreendendo o fenômeno das falsas memórias. In: STEIN, L. M. et al. **Falsas memórias**: fundamentos científicos e suas aplicações clínicas e jurídicas. Porto Alegre: Artmed, 2010. p. 21-41.

OAB – Ordem dos Advogados do Brasil. Provimento n. 188, de 11 de dezembro de 2018. Disponível em: <https://www.oab.org.br/leisnormas/legislacao/provimentos/188-2018>. Acesso em: 5 abr. 2021.

OLIVEIRA, H. M.; ALBUQUERQUE, P. B. de. Mecanismos explicativos das falsas memórias no paradigma DRM. **Psicol. Reflex. Crit.**, Porto Alegre, v. 28, n. 23, p. 554-564, jul./set. 2015. Disponível em: <http://www.scielo.br/scielo.php?script=sci_arttext&pid=S0102-79722015000300554>. Acesso em: 18 jun. 2021.

ONU – Organização das Nações Unidas. **Declaração Universal dos Direitos Humanos**. 1948. Disponível em: <https://www.ohchr.org/en/udhr/documents/udhr_translations/por.pdf>. Acesso em: 18 jun. 2021.

OST, F. **O tempo do direito.** São Paulo: Edusc, 2005.

PACELLI, E. Verdade judicial e sistema de prova no processo penal brasileiro. In: PEREIRA, F. C. (Coord.). **Verdade e prova no processo penal**: estudos em homenagem ao professor Michele Taruffo. Brasília: Gazeta Jurídica, 2016. p. 85-108.

PASSETI, E. Ensaio sobre um abolicionismo penal. **Verve**, n. 9, p. 83-114, 2006. Disponível em <https://revistas.pucsp.br/index.php/verve/article/view/5131/3658>. Acesso em: 18 jun. 2021.

PORTUGAL. Decreto-Lei n. 78, de 17 de fevereiro de 1987. Código de Processo Penal. Disponível em: <https://dre.pt/legislacao-consolidada/-/lc/34570075/view>. Acesso em: 18 jun. 2021.

PRADO, L. R. **Curso de direito penal brasileiro**: parte geral e parte especial. 18. ed. Rio de Janeiro: Forense, 2020.

RANGEL, P. **A inconstitucionalidade da incomunicabilidade do conselho de sentença no tribunal do júri brasileiro**. 167 f. Tese (Doutorado em Direito) – Universidade Federal do Paraná, Curitiba, 2005. Disponível em: <http://www.dominiopublico.gov.br/download/teste/arqs/cp009451.pdf>. Acesso em: 18 jun. 2021.

RANGEL, P. **Tribunal do júri:** visão linguística, histórica, social e jurídica. 5. ed. São Paulo: Atlas, 2015.

RIO DE JANEIRO. Defensoria Pública do Estado do Rio de Janeiro. **Primeiras impressões sobre a Lei 13.964/2019:** pacote "anticrime" – a visão da Defensoria Pública. Rio de Janeiro: Defensoria Pública do Estado do Rio de Janeiro, 2020.

ROSA, A. M. da R. **Guia compacto do processo penal conforme a teoria dos jogos**. 3. ed. São Paulo: Empório do Direito, 2016.

ROSSINI, A. E. de S.; SYDOW, S. T. **O Provimento no. 188/2018 e a investigação defensiva**: uma nova frente de atuação da advocacia no Direito Penal Informático. Disponível em:<https://meusitejuridico.editorajuspodivm.com.br/2020/07/20/o-provimento-n-1882018-e-investigacao-defensiva-uma-nova-frente-de-atuacao-da-advocacia-no-direito-penal-informatico> Acesso em: 18 jun. 2021.

ROXIN, C. **Derecho procesal penal.** Buenos Aires: Editores del Puerto, 2003.

SANTOS, J. C. dos. **Direito penal**: parte geral. 6. ed. Curitiba: ICPC, 2014.

SCHUNEMANN, B. **La reforma del processo penal**. Madrid: Dykinson, 2005.

SOUZA, M. E. A. de. O tempo (d)no processo: considerações sobre a sumarização da cognição no Processo Civil brasileiro sob o enfoque dos princípios institutivos do processo no Estado democrático de direito. **Âmbito Jurídico**, 1º fev. 2013. Disponível em: <https://ambitojuridico.com.br/cadernos/direito-processual-civil/o-tempo-d-no-processo-consideracoes-sobre-a-sumarizacao-da-cognicao-no-processo-civil-brasileiro-sob-o-enfoque-dos-principios-institutivos-do-processo-no-estado-democratico-de-direito>. Acesso em: 18 jun. 2021.

STEIN, L. M. et al. **Falsas memórias:** fundamentos científicos e suas aplicações clínicas e jurídicas. Porto Alegre: Artmed, 2010.

STERNBERG, R. J. **Psicologia cognitiva.** Tradução de Anna Maria Luche. São Paulo: Cengage Learning, 2012.

TELES, L. **Prova testemunhal no processo penal**. 2. ed. Florianópolis: EMais, 2020.

TESSARA, C. Audiências de custódia e a nova Lei 13.964/2019. In: RIO DE JANEIRO. Defensoria Pública do Estado do Rio de Janeiro. **Primeiras impressões sobre a Lei 13.964/2019**: pacote "anticrime" – a visão da Defensoria Pública. Rio de Janeiro: Defensoria Pública do Estado do Rio de Janeiro, 2020.

TONINI, P. **A prova no processo penal italiano.** São Paulo: Revista dos Tribunais, 2002.

TORTATO, C. J. **Crítica à epistemologia da cognição do jurado em plenário do júri.** 103 f. Dissertação (Mestrado em Direito) – Centro Universitário Uninter, Curitiba, 2020. Disponível em: <https://www.uninter.com/mestrado/wp-content/uploads/2021/01/CARLA-TORTATO.pdf>. Acesso em: 18 jun. 2021.

URUGUAY. Ley n. 19.293, de 19 de diciembre de 2014. Disponível em: <https://www.impo.com.uy/bases/codigo-proceso-penal-2017/19293-2014>. Acesso em: 18 jun. 2021.

URUGUAY. Ley n. 19.549, de 25 de octubre de 2017. Disponível em: <https://legislativo.parlamento.gub.uy/temporales/docu42776121 44880.htm>. Acesso em: 18 jun. 2021.

VAINSENCHER, S. A.; FARIAS, A. S. de. **Condenar ou absolver:** a tendência do júri popular. Rio de Janeiro: Forense, 1997.

VALE, I. P. do. **O tribunal do júri no contexto do devido processo legal:** uma crítica ao tribunal do júri "puro" em comparação com os modelos do escabinado e do assessorado – estudo dos fatores que interferem no julgamento e na imparcialidade de suas decisões (análise da instituição com a jurisprudência das convenções europeia e americana dos direitos humanos, do Tribunal do Júri Português e da Suprema Corte Americana). 585 f. Tese (Doutorado em Direito) – Universidade de Lisboa, Lisboa, 2015. Disponível em: <https://repositorio.ul.pt/bitstream/10451/19924/1/ulsd071200_td_Ionilton_Vale.pdf>. Acesso em: 18 jun. 2021.

VALE, I. P. do. **O tribunal do júri no direito brasileiro e comparado.** Porto Alegre: Sergio Antonio Fabris Editor, 2014.

VIEIRA, A. Riscos epistêmicos no reconhecimento de pessoas: o que aprender com a reforma do Código Processual Penal do Uruguai. In: COUTINHO, J. N. de M.; POSTIGO, L. G.; SILVEIRA, M. A. N. (Org.). **Reflexiones Brasilenãs sobre la Reforma Procesal Penal en Uruguay.** Santiago: Observatório da Mentalidade Inquisitória, 2019. p. 355-367.

ZAFFARONI, E. R.; PIERANGELI, J. H. **Manual de direito penal brasileiro.** 11. ed. São Paulo: Revista do Tribunais, 2015.

## Sobre a autora

**Carla Juliana Tortato** é mestre em Teoria e História da Jurisdição, pelo Centro Universitário Internacional Uninter (2020), especialista em Direito e Processo Penal pela Academia Brasileira de Direito Constitucional – ABDCONST (2016), graduada em Direito pela Pontifícia Universidade Católica do Paraná – PUCPR (2010), professora de Direito Penal e Processo Penal e professora de Pós-Graduação na Faculdade de Educação Superior do Paraná – FESP. É vice-presidente da Comissão do Tribunal do Júri da Associação Nacional da Advocacia Criminal do Paraná – ANACRIM/PR. Com experiência em Direito, com ênfase em

Direito Processual, atua, principalmente, nos seguintes temas: tribunal do júri e garantias fundamentais do processo. É colunista sobre tribunal do júri e processo penal no site *Sala de Aula Criminal*, além de advogada.

Os papéis utilizados neste livro, certificados por instituições ambientais competentes, são recicláveis, provenientes de fontes renováveis e, portanto, um meio responsável e natural de informação e conhecimento.

**FSC**
www.fsc.org
MISTO
Papel produzido a partir de fontes responsáveis
FSC® C103535

Impressão: Reproset
Agosto/2021